职业教育·城市轨道交通类专业教材

Chengshi Guidao Jiaotong Fuwu Liyi
城市轨道交通服务礼仪
（第2版）

吕小帅　柴启霞　主　编
吕　芳　王若暄　副主编
　　　　徐春良　主　审

人民交通出版社

北京

内 容 提 要

本书为职业教育城市轨道交通类专业教材。全书主要内容包括服务礼仪理论基础知识、城市轨道交通服务人员仪容仪表礼仪、城市轨道交通服务人员仪态礼仪、城市轨道交通服务人员沟通礼仪和城市轨道交通岗位服务礼仪与技能。

本书为职业教育城市轨道交通专业及相关专业的教材和教学参考用书,适用于城市轨道交通行业的从业人员,包括站务员、客服人员等,也可作为相关专业的培训教材和参考用书。

本书配有教学课件,任课教师可通过加入"职教轨道教学研讨群"获取(教师专用QQ群号:129327355)。

图书在版编目(CIP)数据

城市轨道交通服务礼仪/吕小帅,柴启霞主编.
2版.—北京:人民交通出版社股份有限公司,2025.
1.—ISBN 978-7-114-19699-7

Ⅰ.F530.9

中国国家版本馆CIP数据核字第20243FE631号

书　　名:	城市轨道交通服务礼仪(第2版)
著 作 者:	吕小帅　柴启霞
责任编辑:	时　旭
责任校对:	赵媛媛　卢　弦
责任印制:	刘高彤
出版发行:	人民交通出版社
地　　址:	(100011)北京市朝阳区安定门外外馆斜街3号
网　　址:	http://www.ccpcl.com.cn
销售电话:	(010)85285911
总 经 销:	人民交通出版社发行部
经　　销:	各地新华书店
印　　刷:	北京市密东印刷有限公司
开　　本:	787×1092　1/16
印　　张:	8.25
字　　数:	172千
版　　次:	2011年6月　第1版 2025年1月　第2版
印　　次:	2025年1月　第2版　第1次印刷　总第16次印刷
书　　号:	ISBN 978-7-114-19699-7
定　　价:	32.00元

(有印刷、装订质量问题的图书,由本社负责调换)

Preface 第 2 版前言

随着我国城镇化规模不断扩大,人员流动与机动车数量快速增加,现有城市交通基础设施面临着巨大的挑战。城市轨道交通对改善现代城市交通拥堵局面、调整和优化城市区域布局、促进国民经济发展发挥的作用,已是不容置疑的客观现实。在城市化进程加快、新一线城市经济崛起的背景下,我国城市轨道交通快速发展,城市轨道交通运营规模不断扩大,城市轨道交通运营人才紧缺问题亟待解决。

本套城市轨道专业教材自 2010 年出版以来,在教学、科研和培训工作中发挥了很大的作用,深受使用院校师生的好评。为体现城市轨道交通发展中新技术、新材料、新设备、新工艺和新标准的应用,更好地适应职业教育"校企合作,工学结合"的人才培养模式,满足实际教学需求,人民交通出版社根据使用院校师生反馈的意见和建议,组织相关专业教师、企业技术人员,对本套教材进行了全面修订。

本书的编写基于城市轨道交通行业的快速发展和对高质量服务的需求。随着城市轨道交通网络规模的不断扩大,越来越多的人选择地铁、轻轨等轨道交通方式出行,这对城市轨道交通服务人员的专业素养和礼仪规范提出了更高的要求。

本书的特点主要体现在:首先,系统地介绍了城市轨道交通服务礼仪的基本概念、原则和要求,涵盖了服务人员的形象塑造、沟通技巧、服务流程等方面;其次,结合实际案例,对常见的服务场景进行了详细的分析和讲解,使读者能够更好地理解和应用所学知识;最后,注重实践操作,提供了大量的练习和模拟活动,帮助读者巩固和提升服务礼仪技能。

在编写过程中,山东交通技师学院编写团队的各位成员分工合作,充分发挥各自的专业优势,共同完成了本书的编写工作。其中,吕小帅编写了单元一和单元五,吕芳和王若暄共同编写了单元二、单元三和单元四,柴启霞负责统稿和审核工作,另外,李晓苏、张静、曲敏、周辉也参与了编写工作。全书由吕小帅、柴启霞担任主编,吕芳、王若暄担任副主编。

感谢所有为本书提供支持和帮助的单位和个人,以及在编写过程中给予我们宝贵意见和建议的专家和读者。由于编者水平有限,书中难免存在不足之处,敬请读者批评指正,我们将不胜感激。

希望本书能成为您学习和提升城市轨道交通服务礼仪的良师益友,为您的职业发展和城市轨道交通事业的进步贡献力量。

编　者

2024 年 5 月

Contents 目录

单元 1　服务礼仪理论基础知识 ·· 1
　1.1　礼仪的基本理论知识 ·· 2
　1.2　城市轨道交通服务礼仪 ·· 6
　实训内容 ·· 10
　复习思考 ·· 10

单元 2　城市轨道交通服务人员仪容仪表礼仪 ·· 11
　2.1　面容修饰 ·· 12
　2.2　发型修饰 ·· 19
　2.3　着装礼仪 ·· 24
　实训内容 ·· 43
　复习思考 ·· 43

单元 3　城市轨道交通服务人员仪态礼仪 ·· 44
　3.1　表情礼仪 ·· 45
　3.2　站姿礼仪 ·· 48
　3.3　坐姿礼仪 ·· 52
　3.4　行姿礼仪 ·· 55
　3.5　蹲姿礼仪 ·· 57
　实训内容 ·· 60
　复习思考 ·· 61

单元 4　城市轨道交通服务人员沟通礼仪 ·· 62
　4.1　见面礼仪 ·· 63
　4.2　电话礼仪 ·· 67
　4.3　交谈礼仪 ·· 71
　4.4　引导礼仪 ·· 75
　实训内容 ·· 82
　复习思考 ·· 83

单元 5　城市轨道交通岗位服务礼仪与技能 ·· 84
　5.1　车站服务人员的基本要求 ·· 85

5.2 站厅服务 …………………………………………………………………… 90
5.3 客服中心服务及站台服务 ………………………………………………… 96
5.4 城市轨道交通车站应急服务与特殊乘客服务 …………………………… 103
5.5 乘客投诉处理 ……………………………………………………………… 112
实训内容 ………………………………………………………………………… 120
复习思考 ………………………………………………………………………… 122
参考文献 …………………………………………………………………………… 123

单元 1　服务礼仪理论基础知识

> **问题导入**
>
> 　　在当今城市发展过程中,城市轨道交通在公共交通系统中的地位越来越重要。城市轨道交通服务人员,代表着城市轨道交通的形象,乘客是否满意很大程度上取决于服务人员服务态度的好坏。随着社会的发展,人民对服务质量的要求也越来越高,做到让乘客满意、让群众满意,是成为一名合格的服务人员的重要标志。
>
> 　　礼仪作为城市轨道交通服务人员的基本技能,掌握礼仪的相关知识能够更好地促进与乘客交流,赢得乘客的好感。本单元对服务礼仪理论基础知识进行讲解。
>
> ▶ **知识目标**
>
> 1. 掌握礼仪的含义及分类;
> 2. 掌握礼仪的特点及遵循的原则;
> 3. 掌握城市轨道交通服务礼仪的基本原则;
> 4. 了解学习城市轨道交通服务礼仪的意义;
> 5. 掌握城市轨道交通服务礼仪的具体要求;
> 6. 掌握城市轨道交通服务人员的基本素质。
>
> ▶ **技能目标**
>
> 1. 能够理解礼仪的含义并运用;
> 2. 能够区分不同礼仪的应用场景;
> 3. 能够根据城市轨道交通的服务要求,形成服务人员的基本素质。
>
> ▶ **素质目标**
>
> 1. 具有良好的团队协作、人际交往和协商沟通的能力;
> 2. 具有良好的心理素质以及克服困难的能力;
> 3. 具有良好的职业道德、职业规范等职业素养;
> 4. 树立礼仪观念,形成从事城市轨道交通工作的礼仪意识。

> **建议学时**
>
> 4学时

1.1 礼仪的基本理论知识

1.1.1 中国古代礼仪的起源

礼仪作为社会发展、人际交往的重要的行为规范,是在社会发展、文明进步中逐步演变、发展起来的。在我国,礼起源于祭祀活动,表达的是人们对天、地、祖宗的敬畏之心。古时祭祀活动不是随意进行的,它是严格按照一定的程序、一定的方式进行的。

根据《周礼》记载,礼分为五类,即"五礼":吉礼、凶礼、宾礼、嘉礼、军礼。这五礼作为我国古代礼仪制度的主要内容历代相袭,许多内容延续至今。

(1)吉礼:祭祀以祈求吉祥的礼仪,如天神、地祇和宗庙(祖先)的祭祀。封禅是历代最大的吉礼。

(2)凶礼:伤亡灾变之礼,如水旱、饥馑、兵败、寇乱等礼,丧礼最为重要。

(3)宾礼:主宾相见场合的礼仪,如朝拜、会见、会盟等。

(4)嘉礼:"喜庆"之礼,如登基、册封、婚冠、宴乐、颁诏等。

(5)军礼:军武之礼,如亲征、遣将、受降、凯旋、大射等。

"三礼"(《仪礼》《礼记》《周礼》)的出现标志着礼仪发展的成熟阶段。宋代时,礼仪与封建伦理道德说教相融合,即礼仪与礼教相杂,成为实施礼教的得力工具之一。行礼为劝德服务,繁文缛节极尽其能。直到现代,礼仪才得到真正的改革。无论是国家政治生活中的礼仪还是人民生活中的礼仪,礼仪都承载了无鬼神论的新内容,从而成为现代文明礼仪。

1.1.2 礼仪的含义及分类

1)礼仪的含义

"礼"是一种道德规范,即尊重。在人际交往中,既要尊重别人,更要尊重自己,礼者敬人。

"仪"是指恰到好处地向别人表示尊重的形式。而现在大多数的人片面地认为"仪"是指个人的外在形象和仪态,这只是对礼仪一个方面的认识。因此,在人际交往中,我们不仅要有礼,而且要有仪。

礼仪是人们在社会交往中受历史传统、风俗习惯、宗教信仰、时代潮流等因素的影响而形成的,既为人们所认同,又为人们所遵守,是以建立和谐关系为目的的,各种符合礼的精神及要求的行为准则和规范的总和。

2）礼仪的分类

（1）按应用范围，礼仪一般分为政务礼仪、商务礼仪、服务礼仪、社交礼仪、涉外礼仪五大类。

①政务礼仪：政务礼仪是国家公务员在行使国家权力和管理职能时所必须遵循的礼仪规范。

②商务礼仪：商务礼仪是在商务活动中体现相互尊重的行为准则。商务礼仪的核心是一种行为的准则，用来约束日常商务活动的方方面面。商务礼仪的核心作用是为了体现人与人之间的相互尊重。

③服务礼仪：服务礼仪是指服务行业的从业人员应具备的基本素质和应遵守的行为规范，主要适用于服务行业的从业人员、经营管理人员、商界人士、企业白领等。

④社交礼仪：社交礼仪是指人们在人际交往过程中所应具备的基本素质、交际能力等。

⑤涉外礼仪：涉外礼仪是指在长期的国际往来中，逐步形成的外事礼仪规范，也就是人们参与国际交往所要遵守的惯例，是约定俗成的做法。它强调交往中的规范性、对象性、技巧性。

（2）按场合，礼仪一般分为家庭礼仪、学校礼仪、办公室礼仪、公共场所礼仪等。

（3）按身份，礼仪一般分为教师礼仪、学生礼仪、营业员礼仪、主持人礼仪等。

（4）按表现形式，一般分为交谈礼仪、待客礼仪、书信礼仪、电话礼仪、交换名片礼仪等。

1.1.3 礼仪的特点及应遵循的原则

1）礼仪的特点

（1）国际性。

"礼"作为一种文化现象，它跨越了国家和地区的界线，为世界各国人民所共同拥有。在讲文明、懂礼貌、相互尊重原则的基础上形成的完善的礼节形式，已为世界各国人民所接受并共同遵守。

随着国际交往的不断增进，各国家、地区所惯用的一些礼仪形式，为世界范围内的人们所共同接受和经常使用，逐渐形成了一些更加规范化、专门化的国际礼仪。现代礼仪兼容并蓄、融会世界各个国家的礼仪之长，使现代礼仪更加国际化、趋同化。

（2）民族性。

不同国家、不同民族由于其各自历史文化传统、语言、文字、活动区域不同，礼仪是同一生活中全体成员调节相互关系的行为规范，所以，它就逐渐成为生活中各民族、各阶级、各党派、各生活团体以及各阶层人士共同遵守的准则，带有本国家、本民族的特点。

（3）传承性。

礼仪规范将人们交往中的习惯、准则的形成固定并沿袭下来，它是人类长期共同生活中逐渐积累起来的，是人类精神文明的标志之一。新形势下的礼仪规范，是对以往人类文明准则中积极和进步因素的继承和发展，它表现为人们之间的平等、团结、友爱、互助的新型关系。

(4) 相对性。

礼仪不仅是人们交际过程中的外在形式，还必须以其内在的思想品德、文化的艺术修养做基础。只有两者有机地统一结合，才能对礼仪规范从必须遵守变为习惯遵守，从而形成良好的礼仪习惯。礼仪规范往往因时间、空间或对象的不同而有所不同，因此，需要了解熟悉各个国家、各民族、各种场合、各种礼仪对象的异同点。

(5) 时代发展性。

礼仪规范不是一成不变的，它随着社会的发展而不断更新。一方面是社会自身的进步使礼仪不断发展完善；另一方面是礼仪随着时代、地域、对象的不同而变化。随着对外交流范围的扩大，各国政治、经济、思想等因素的渗透，我国的礼仪在历史传统基础上被赋予了新的内容。

2) 礼仪应遵循的原则

在日常生活中，学习、应用礼仪，有必要在宏观上掌握一些具有普遍性、共同性、指导性的礼仪原则。在人际交往、乘客接待与服务工作中，人们应当自觉地学习和遵循"尊重、平等、适度、自律、宽容"原则的现代礼仪。

(1) 尊重原则。

我们总说，尊重上级是一种天职，尊重下级是一种美德，尊重客户是一种常识，尊重同事是一种本分，尊重所有人是一种教养。在现代礼仪规范中，尊重原则是最基本的原则。它是指在实施礼仪行为的过程中，要表现出对他人真诚的尊重，而不是藐视对方。你想别人怎样待你，你就怎样待别人。只有尊重他人，才能获得他人的尊重。

(2) 平等原则。

这是礼仪的核心，即尊重交往对象、以礼相待，对任何交往对象都必须一视同仁，给予同等程度的礼遇。

平等原则要求我们在处理人际关系时，尤其是在服务接待工作中，对服务对象，无论是外宾还是本国同胞，无论富有还是贫穷，无论年长还是年幼，都要满腔热情、一视同仁地对待。

(3) 适度原则。

适度原则是要求在运用礼仪时，为了保证取得成效，必须注意技巧合乎规范，特别要注意做到把握分寸、认真得体。如在与人交往时，既要彬彬有礼，又不能低三下四，既要热情大方，又不能轻浮谄谀，要自尊但不能自负，要坦诚但不能粗鲁，要信人但不要轻信，要活泼但不能轻浮，要谦虚但不能拘谨。在运用礼仪时，做得过了头，或者做得不到位，都是失礼的表现。

(4) 自律原则。

礼仪作为行为规范、处世准则，反映了人们共同的利益要求，每个人都有责任、义务去维护它、遵守它。各种类型的人际交往,都应当自觉遵守现代社会早已达成共识的道德规范。在人际交往中,交往双方都希望得到对方的尊重,因此,我们应该首先检查自己的行为是否符合礼仪的规范要求,主动做到严于律己、宽以待人。只有这样,才能在人际交往中塑造自身良好的形象,并得到别人的尊重。

(5)宽容原则。

在礼仪中,宽容原则主要包括以下几个方面:尽量设身处地地去理解他人的立场、观点和行为,不轻易对他人的行为进行指责和批判;认可和尊重人与人之间在文化、习惯、观念等方面的差异,不强行要求他人与自己一致;对他人非故意的过错或失误持有包容的态度,不过分计较,给人改正和成长的机会;以一种开阔、大度的心态面对各种情况和他人的行为表现,不因为一些小事而耿耿于怀;努力克服自身可能存在的偏见和狭隘观念,以更加客观和全面的视角看待他人;在与人交往中,多一些谅解和宽容,营造和谐、融洽的人际氛围。

1.1.4 礼仪的功能

1)沟通的功能

人们在社会交往中,只要双方都自觉地遵守礼仪规范,就容易在交际往来中获得成功。热情的问候、友善的目光、亲切的微笑、文雅的谈吐、得体的举止等,不仅可能唤起人们的沟通欲望,建立起好感和信任,而且可以促进交流的成功,进而有助于事业的发展。

2)协调的功能

在社会交往时,只要人们注重礼仪规范,就能够互相友好合作,从而避免冲突和障碍。如果交往的双方都能够按照礼仪的规范约束自己的言行,不仅可以避免某些不必要的感情对立与矛盾冲突,还有助于建立和加强人与人之间相互尊重、友好合作的关系,使人际关系更加和谐、社会秩序更加有序。

3)维护的功能

礼仪是社会文明发展程度的反映和标志,同时也对社会的风尚产生广泛、持久和深刻的影响。讲礼仪的人越多,社会便会越和谐安定。

4)教育的功能

礼仪通过评价、劝阻、示范等教育形式,纠正人们不正确的行为习惯,倡导人们按礼仪规范的要求协调人际关系,维护社会正常生活,讲究礼仪的人同时也起着榜样的作用,潜移默化地影响着周围的人。

1.1.5 学习礼仪的意义

社会的发展是建立在物质文明与精神文明基础之上的。一个没有精神支柱的国家不能自强于世界民族之林,一个没有礼仪修养的民族也不会得到世人的尊敬。从一定意义上讲,礼仪修养水平反映了一个国家、一个民族的文明程度,影响着它的发展进程。因此,注重礼仪具有十分重要的意义。

1）礼仪是社会主义精神文明建设的要求

礼仪看起来是日常生活和工作中极为普通的细小的事情，但它却代表着一种深刻的道德力量，这种道德力量潜移默化地体现在全体人民身上，成为一种伟大的民族精神，它能够弘扬正气、增强凝聚力、陶冶情操、净化心灵。注重礼仪对于巩固和发展社会主义生产和生活秩序、推动社会进步，都有着非常重要的意义。

2）礼仪是社会生活中应有的行为规范

在社会生活中，每个人都希望得到别人的尊重，而要想得到别人的尊重，首先要从尊重别人做起。一个人在与人交往时能够真诚热情、谦恭随和、耐心周到，这是讲究礼仪的表现，这些行为能够反映出一个人的精神风貌、道德情操、气质修养以及处理问题的能力。在社会生活中，人们必须按照社会公认的行为规范去交往和生活，如遵守公共秩序、尊老爱幼、遵时守信、注重仪容仪表等。这些规范约束着人们的行为，创造出安定和谐的生活工作环境，实现人与人之间的有效交往。

3）礼仪有利于建立良好的人际关系

礼仪是人际关系的"润滑剂"。横眉冷对、出言不逊、高傲冷漠则可能造成气氛紧张、矛盾横生，生活会因此变得索然无味，工作会变得困难重重。一句热情的问候，一个亲切的微笑，一声"对不起""请原谅"，能够减少摩擦，转怒为喜。在社会生活中，礼仪就如同春风与美酒，滋润着人们的心灵，沟通着人们的情感，化解了人与人之间的矛盾，使人们彼此尊重，相互理解，达成共识。

4）礼仪是社交活动的需要

在社交活动中，得体大方的衣着、彬彬有礼的举止、良好的精神面貌、温文尔雅的谈吐，定会给人留下深刻美好的印象，从而取得信任、建立友谊，有效地进行社交活动。在社交活动中，礼仪不仅起着媒介的作用，而且起着"黏合"和"催化"的作用，对于表达感情、增进了解、树立形象是必不可少的。

5）礼仪有助于弘扬优秀文化传统

中国的礼仪还需要与世界接轨，学习世界各国各民族的礼仪就显得十分必要。这既要继承和发扬民族优秀文化传统，还要充分体现时代精神，吸收世界文化优秀成果，融会贯通、洋为中用，逐步形成一套与世界礼仪接轨的现代礼仪。这样，才能使中华民族的优秀文化得以弘扬，使中国礼仪自立于世界民族之林。

1.2　城市轨道交通服务礼仪

城市轨道交通服务礼仪是在城市轨道交通服务工作中形成的得到共同认可的礼貌、礼节和仪式，是城市轨道交通服务人员遵循的服务规范。掌握服务礼仪，做到礼貌待客，是做好城市轨道交通服务工作的先决条件。塑造城市轨道交通服务人员的礼仪形象，不仅是其工作需要，也是一个人文化修养的直接表现。

1.2.1 城市轨道交通服务礼仪的基本原则

城市轨道交通服务礼仪是礼仪在城市轨道交通服务行业内的具体运用。一般而言，它是城市轨道交通服务人员在自己工作岗位上所应严格遵守的行为规范，是城市轨道交通服务人员在岗位上向乘客提供服务时标准、正规的做法，是把对乘客的尊重用语言和行为表现出来的过程和方式。这是自尊与尊他的表现形式，是以建立和谐客我关系为目的，各种交往要求的行为准则和规范的总和。在学习和运用城市轨道交通服务礼仪时，城市轨道交通服务人员要掌握以下七条原则。

1）律己

礼仪规范由对待个人的要求和对待他人的做法两大部分构成。对待个人的要求，是礼仪的基础和出发点。学习、应用城市轨道交通服务礼仪，最重要的就是要自我要求、自我约束、自我控制、自我对照、自我反省、自我检点。

2）敬人

在城市轨道交通服务礼仪中，对待乘客的做法，比对待个人的要求更重要，这一部分实际上就是礼仪的重点和核心。而对待乘客的诸多做法中最重要的一条，就是要敬人之心常存，处处不可失敬于人，不可伤害他人的尊严，更不能侮辱对方的人格。掌握了这一点，即掌握了城市轨道交通服务礼仪的灵魂。

3）宽容

城市轨道交通服务人员在运用服务礼仪时，既要严于律己，更要宽以待人。要多容忍他人、多体谅他人、多理解他人，千万不要求全责备、斤斤计较、苛求、咄咄逼人。

4）平等

在尊重乘客、以礼相待这一点上，对任何乘客都必须一视同仁，给予同等程度的礼遇。对待乘客，不允许因为在年龄、性别、种族、文化、身份、财富以及关系的亲疏远近等方面有所不同而厚此薄彼，给予不同待遇；但可以根据不同的乘客，采取不同的具体方法。

5）真诚

在与乘客交往时，务必诚实无欺、言行一致、表里如一。只有如此，在运用服务礼仪时，自己所表现出来的对乘客的尊敬与友好，才会更好地被对方理解并接受。

6）适度

在应用城市轨道交通服务礼仪时，为了保证取得成效，必须注意技巧及规范，特别要注意做到把握分寸、认真得体。

7）从俗

由于国情、民族、文化背景的不同，必须坚持入乡随俗，与绝大多数人的习惯做法保持一致,不可以目中无人、自以为是。

1.2.2 学习城市轨道交通服务礼仪的意义

在城市轨道交通行业内普及、推广服务礼仪,具有多方面的重要意义。
(1)有助于提高城市轨道交通服务人员的个人素质。
(2)有助于更好地对乘客表示尊重。
(3)有助于进一步提高服务水平与服务质量。
(4)有助于塑造并维护企业的整体形象,提高乘客的满意度。
(5)有助于使企业创造出更好的经济效益和社会效益。

1.2.3 城市轨道交通服务礼仪的具体要求

1)树立"以乘客为中心"的思想观念

走进城市轨道交通车站的人,都是城市轨道交通系统的客人、朋友,是城市轨道交通企业服务的对象。尊重乘客,树立"以乘客为中心"的观念,是提供优质服务的基础。"以乘客为中心",就是在考虑问题、提供服务、安排工作时,都要想乘客之所想、急乘客之所急。在接待乘客的过程中,不仅要满足乘客在物质方面的需求,还应该通过优质的服务,使乘客心情愉快、得到精神上的满足。具体说来,应做到如下几个方面:

(1)主动服务,指在乘客开口之前提供服务,要求城市轨道交通服务人员投入很强的感情,细心观察乘客的需求,为乘客提供及时的个性化服务。

(2)热情服务,指服务人员发自内心、满腔热情地向乘客提供良好服务,做到精神饱满、动作迅速、满面春风。

(3)周到服务,指在服务内容和项目上细致入微,处处为乘客考虑,千方百计为乘客排忧解难。

2)时时处处见礼貌

每一位城市轨道交通服务人员都是礼仪大使,在服务工作中都应承担礼仪大使的责任,以主人翁的精神,通过语言、动作、姿态、表情、仪表等体现对乘客的友好和敬意。同时,也应注意各国各民族一些独特的礼节风俗习惯,将其灵活运用到服务中,使乘客感受到服务的热情和真诚,赢得乘客的尊重。

在服务过程中,要注意服务的完整性。一个环节、一个时刻出现差错,都会损害城市轨道交通的整体形象,就难以使乘客获得愉快的感受。所以,讲究礼仪应自始至终,体现在服务过程的每一个细微之处。

3)"乘客永远是对的"

城市轨道交通服务人员应树立强烈的服务意识,遵循"乘客永远是对的"原则,妥善处理各类服务事项。即便遇到一些不讲理的乘客,也应该把"对"让给乘客,得理也应"让人",使乘客感受到受尊重,从而"化干戈为玉帛"。

作为城市轨道交通服务人员,首先要为乘客着想,不能从主观愿望去设想或要求乘客的言行,这样容易出现挑剔乘客、排斥乘客、冷落乘客、怠慢乘客的情形,对待任何乘客,都要积极、主动、热情,淡化彼此之间的冷漠和戒备,为服务打开方便之门;其次要学习和掌握服务技巧,处理问题时,语言表达应语气委婉、巧妙得体,尽量照顾乘客的感受,做到既解决了问题,又尊重了乘客。这样可以使乘客感到城市轨道交通的优质服务,自身也展现了城市轨道交通系统的良好形象。

1.2.4 城市轨道交通服务人员的基本素质

1)道德修养

(1)热爱祖国,热爱城市轨道交通事业,热爱本职工作。

(2)遵守国家法律、法规和城市轨道交通行业管理规章制度,自觉维护乘客和企业合法权益。

(3)尊重乘客的民族习俗和宗教信仰,对不同种族、国籍、民族的乘客一视同仁。

(4)有高度的工作责任心、诚实守信、敬业爱岗、忠于职守。

(5)爱护车站设备设施,廉洁自律,公私分明。

(6)尊老爱幼,谦虚谨慎,真诚热情,努力树立城市轨道交通服务人员的良好形象。

2)职业风貌

(1)听从指挥,团结协作,工作认真,有严谨的工作作风。

(2)精神饱满,仪容整洁,行为端庄,举止文明,有健康向上的风貌。

(3)服务主动,细致周到,表情亲切,言语和善,有亲和力。

(4)遵章守纪,落实标准,有严于律己的自觉性。

3)职业素质

(1)勤奋学习,钻研业务,有较高的文化素养和较全面的专业知识。

(2)能运用普通话,熟练掌握常用英语对话,具备良好的语言表达和文字写作能力。

(3)了解乘客的不同需求及心理特点,掌握相应的服务技巧。

(4)熟知作业程序和标准,熟练使用服务设备设施,能为乘客提供及时、准确的服务。

(5)熟知安全措施和应急预案,熟练使用安全设备设施,具备妥善处理突发事件的应急、应变能力。

城市轨道交通服务人员不仅要学习这些标准、规范的表达形式,更为重要的是必须理解"以礼待客"的内涵。只有懂得"礼是根据道德理性的要求,制定出来的制度与规范,是道德理性的体现"这一内涵,方能言谈举止"从心所欲,不逾矩",充分地展现城市轨道交通服务人员的修养、风度和魅力,构建和谐的客我关系。

实训内容

1. 任务实施

根据课堂实际,教师可将全班同学分为 4~6 组,每组选出组长 1 名,记录员 1 名,其他分工若干。组内对本节知识要点进行相互考核,并记录考核结果。

2. 任务测评

将任务完成情况填入下表。

序号	评价内容	完成情况	存在问题	改进措施
1	礼仪应遵循的原则有哪些?是否能用自己的语言正确表达			
2	礼仪的功能有哪些?是否能用自己的语言正确表达			
3	城市轨道交通服务礼仪的基本原则是什么?是否能用自己的语言正确表达			
4	城市轨道交通服务人员的基本素质有哪些?是否能用自己的语言正确表达			
	教师评价			

3. 任务小结(根据任务完成情况填写)

_____
_____
_____
_____

1. 礼仪的含义是什么?
2. 礼仪有哪些分类?各分类中有哪些礼仪?
3. 礼仪的特点有哪些?
4. 城市轨道交通服务礼仪的基本原则有哪些?
5. 城市轨道交通服务礼仪的具体要求有哪些?
6. 城市轨道交通服务人员应具备哪些基本素质?

单元 2　城市轨道交通服务人员仪容仪表礼仪

问题导入

某城市轨道交通车站,因下暴雨突现大客流,需要进行客流控制。站务员小王与同事们用铁栅栏分隔客流,并来回跑动疏导乘客。一番紧张的工作之后,小王已经汗流浃背。小王眼见距离运营结束只有1h了,也就懒得去更换衣服,借用同事的花露水在身上抹了抹,顿时感觉汗味全无,神清气爽。当发现一位乘客不会使用自动售票机购票时,小王主动上前引导。当小王刚刚来到乘客身边时,乘客就开始不停地打喷嚏。不知情况的小王关切地问乘客是不是淋雨感冒了,乘客却不好意思地回答:"对不起,我有鼻炎,我是对您身上的香水过敏。"小王的这种行为是否符合城市轨道交通服务人员仪容仪表的要求呢?本单元对城市轨道交通服务人员仪容仪表礼仪进行讲解。

▶**知识目标**

1. 掌握城市轨道交通服务人员面容修饰的意义和要求;
2. 掌握城市轨道交通服务人员发型修饰的意义和要求;
3. 掌握城市轨道交通服务人员化妆的基本原则;
4. 掌握城市轨道交通服务人员发型修饰的注意事项;
5. 掌握城市轨道交通服务人员服装的基本规范。

▶**技能目标**

1. 能够熟练运用面容修饰的工具;
2. 能够根据岗位要求进行面容修饰;
3. 能够根据岗位要求进行发型修饰;
4. 能够根据岗位要求进行着装穿搭。

▶**素质目标**

1. 具有良好的团队协作、人际交往和协商沟通的能力;
2. 具有城市轨道交通服务人员的职业素养和专业精神;

3. 具有良好的心理素质以及克服困难的能力。

▶ **建议学时**

6 学时

仪容通常指的是一个人的容貌。仪表是指人的外表，一般包括人的容貌、服饰、姿态、风度等，是一个人精神面貌和内在素质的外在体现。一个人的仪容仪表往往与他的生活情调、思想修养、道德品质和文明程度密切相关。仪容与仪表礼仪关键就是要做到符合"美"的要求，具体要做到美观、清洁、卫生、得体等。城市轨道交通服务人员必须注意自身的仪容仪表，给乘客留下良好的服务形象。

2.1 面容修饰

在服务过程中，服务人员的面容是一个重要因素。适度得体的化妆，不但可以给乘客留下美好的第一印象，而且能够展示行业的良好形象。大方得体的妆容一方面可以表示对他人的尊重，另一方面也展示了自己健康的精神面貌。

城市轨道交通服务人员在自己的工作岗位上时，必须对自己面部的修饰予以高度重视，要使之洁净、卫生、自然。

2.1.1 面部清洁

1）面部清洁的基本要求

公共场合对面容最基本的要求是：时刻保持面部干净清爽，无汗渍和油渍等不洁之物。修饰面部，首先要做到清洁。城市轨道交通服务人员在岗时，要保持面部干净、清爽，养成勤于洗脸的良好习惯，切勿疏忽眼角、鼻孔、耳后、脖颈等处。清洁面部最简单的方式就是勤于洗脸，午休、用餐、出汗、劳动或者外出之后，都应立刻洗脸。

2）面部各部位的要求

公共场合对面部各部位的一般要求是：

（1）眉部。眉形要美观、优美，对残眉、断眉、竖眉、"八字眉"，或是过淡、过稀的眉毛，要进行修饰。

（2）眼部。眼部要清洁，及时除去眼角上出现的分泌物。如果眼睛近视，上岗时应佩戴隐形眼镜。

（3）耳部。修饰耳部主要是保持耳部的清洁，及时清除耳垢和修剪耳毛。有些人在冬季不注意耳朵的防寒保暖，耳部发生习惯性冻疮，疮痂布满耳郭，不够美观。耳朵里沟回很多，容易藏污纳垢，应注意耳朵的清洁，及时清除耳垢。若有耳毛生长到耳朵外面，要及时修剪。

(4)鼻部。鼻孔要清洁,避免当众用手擤鼻涕、挖鼻孔、乱弹鼻垢,更不要用力将其吸入腹中。有鼻涕时,应避开人群及服务场所,用手帕或纸巾进行辅助清理,不要发出过大响声。若有鼻毛生长到鼻孔外面,要及时修剪。

(5)口部。口部修饰的范围包括口腔和口部周围。口部修饰的重中之重是注意口腔卫生,要勤刷牙、勤漱口,保持牙齿洁白、口气清新,避免牙齿污染、口腔产生异味。保持口腔清洁,是个人卫生方面的一种美德,也是尊敬他人、有修养的表现。

(6)脖颈:要及时做好脖颈的清洁护理。

3)其他注意事项

与人交往应酬进入公共场合前,应禁食容易产生异味的食物,如葱、蒜、韭菜、腐乳、虾酱、臭豆腐等刺激性食物,还包括烟、酒。如果不得已而为之,可用口香糖或茶叶将口气味道减轻。嘴唇的护养也要列入口部修饰的范畴之内,要注意适当呵护自己的嘴唇,防止干裂、爆皮和生疮,还要避免唇边残留分泌物和其他异物,与别人交谈时不能放任口沫飞溅。男士还应当坚持每天剃须、修剪鼻毛,切忌留有胡须上岗。"胡子拉碴""鼻毛乱飞"是不修边幅的表现,以这样的形象与人交往,只能落得一个印象不佳的结果。

另外,还需要注意到一个问题,禁止异响。在社交场合,咳嗽、哈欠、喷嚏、吐痰、吸鼻、打嗝等不雅之声统称为异响。

2.1.2 面部护理

1)女士护肤

女士护肤可参考推荐步骤进行,如图2-1所示。

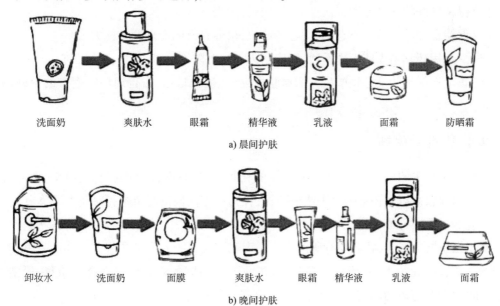

图2-1 女士护肤推荐参考步骤

2)男士护肤

男士护肤要记住每天三个步骤及每周护理就可以轻松护肤。

(1)洁面。

男性更应该用一些温和的洗面奶,不能长期使用香皂,然后使用平衡肌肤的营养水、柔肤水。面部要经常做按摩,以促进血液循环,排泄皮肤内的毒素。并不是洁面越多越好,过多洁面产品只会刺激皮肤分泌更多油脂。使用洗面奶要因人而异,油性皮肤要用净化平衡型洁面乳,中性皮肤要用活性嫩肤型洁面乳液;晚上洗完脸以后,都用柔肤水就可以了。

(2)爽肤。

如没有适当调理,洁面只会刺激更多油分,因为皮肤在洁面后没有油脂保护,水分更容易蒸发于空气中,从而刺激肌肤分泌大量油脂以保存水分,因此,洁面后拍上爽肤水,能瞬间收敛皮脂分泌,收细毛孔,也能平衡皮肤酸碱度。如经常长暗疮,可用含杀菌或吸油粉末的爽肤水,增强控油功效。

(3)滋养。

爽肤收敛了毛孔,但皮肤可能还是处于比较干燥的状态,需要使用专为男士设计的面乳,它能有效滋润肌肤和补充肌肤流失水分。

3)其他注意事项

想要肌肤健康,还需注意以下几点:

(1)保持充足的水分。每天喝6~8杯白开水,切不可等口渴了才喝水。

(2)保持充足的睡眠。保持良好的作息习惯,每天23时前睡觉,不熬夜。保证每天6~8h的睡眠。

(3)保持良好的饮食习惯。饮食清淡、均衡,少喝冷饮。

(4)保持良好的心情。心态健康、心情愉快,培养自己的心理调整能力。

(5)忌乱用药。当皮肤出现不适时,应当去正规医院诊治,切莫自己乱用药。

(6)正确选择护肤及彩妆产品。依据肤质,选择适合自己、由正规厂家生产的护肤品和化妆品。

2.1.3 化妆修饰

化妆是生活中的一门艺术,适度而得体的化妆,能体现女性端庄、美丽、温柔、大方的独特气质。以化妆品以及艺术描绘手法来装扮自己,可体现振奋的精神和对他人的尊重。

1)化妆的基本原则

女士在不同的场合,妆容要有所区别。城市轨道交通服务人员在服务工作中,一般都应适当的化妆,即"化妆上岗,淡妆上岗"。城市轨道交通服务人员化妆应遵循淡雅、简洁、适度、庄重、协调和避短的原则。

(1)淡雅。淡雅就是要求服务人员在工作时一般都应化淡妆。淡妆,即指淡雅的化妆,亦即人们平时所说的自然妆。

(2) 简洁。城市轨道交通服务人员的岗位化妆,应是一种简妆,并非盛妆。

(3) 适度。城市轨道交通服务人员的工作妆,必须适合自己本职工作的实际需要,而且一定要切记化妆的程度要适当。

(4) 庄重。城市轨道交通服务人员的化妆,应以庄重为主要特征。一些社会上正在流行的化妆方式,不宜为服务人员在上班时所采用。

(5) 协调。协调实际上有四方面:化妆品最好要成系列、各部位化妆要协调、化妆要与服饰协调、化妆要与场合协调。

(6) 避短。城市轨道交通服务人员在化妆时,要扬长避短,弥补自己的不足。

2) 妆容类型

(1) 工作妆。追求自然清雅的化妆效果,适宜化淡妆。洁面之后涂上润肤霜,敷粉底,施薄粉,轻点朱唇淡扫眉。一般职员的化妆更多的是工作妆,最高境界是"妆有若无",也就是妆化得要自然,不能有明显的修饰痕迹。

(2) 休闲妆。追求清丽洒脱的化妆效果,适宜淡妆轻描。粉底用防汗的粉饼或乳液型粉底薄施一层;胭脂用朱红或桃红,淡淡施抹;口红用色不要过重。长时间外出最好不要涂眼影、描眼线,以免汗多,使化妆品刺激眼睛。

(3) 晚宴妆。追求细致亮丽的化妆效果,适宜化浓妆。粉底比白天亮一级;蜜粉以亮丽色系为佳;胭脂用浅色或鲜红色;口红选用深桃红色或玫瑰色,在灯光下,这些颜色会使肤色华丽鲜亮;要强调眉形并施眼影、画眼线和上睫毛膏;唇妆须格外小心,防止脱落,可涂上唇膏后再点唇蜜。

(4) 舞会妆。追求夸张的化妆效果,适宜化得浓艳些。可使用掩饰力较强的粉底,胭脂和唇膏选用明艳的粉红色调,并上光亮唇膏;涂眼影,画眼线,还可戴假睫毛和上睫毛膏。舞会妆要注意突出个性,与众不同。

脸部化妆一方面要突出面部五官最美的部分,使其更加美丽;另一方面要掩盖或矫正缺陷或不足的部分。经过化妆品修饰的美有两种:一种是趋于自然的美,一种是艳丽的美。前者是通过恰当的淡妆来实现的,它给人以大方、悦目、清新的感觉,最适合在家或平时上班;后者是通过浓妆来实现的,它给人以庄重高贵的印象,可出现在晚宴、演出等特殊的社交场合。

3) 化妆步骤及技法

化妆步骤的繁简以场合不同而定,如日常工作妆通常比较简单,其步骤及技巧如下。

化淡妆的步骤

(1) 洁面。化妆前先将脸洗净,用有效的清洁用品清洁皮肤。

(2) 护肤。护肤包括保养和滋润。用爽肤水轻按面部和颈部,然后再加一层润肤液,使未经化妆的面部洁净、清爽而滋润。

(3) 打粉底。选择粉底应考虑颜色和质感,最好选择较好质地的品牌。粉底颜色越接近肤色看上去越自然,最好再多准备一个深色的,在下颚、鼻梁、额头上打阴影。

(4)定妆。先用干粉扑蘸取适量的蜜粉对折揉匀,用手指弹去多余的粉末,均匀按压在肌肤上,再用大号化妆刷拂去多余的粉末,千万不可遗忘眼角、鼻翼、嘴角这些油脂旺盛区域。好的蜜粉不仅起到定妆吸油的效果,更重要的是能二次修饰。

(5)画眉。选择与发色接近的眉笔及眉粉画眉。描画眉毛时,要顺着眉毛生长方向描画,这样才会把眉毛画得自然生动。某些地方没有眉毛,需要用眉笔一笔一笔补画出效果。用眉刷蘸取眉粉,在眉尾往眉中位置,反复刷两次;然后从眉中位置往眉头方向,反复刷两次,加重颜色。

修眉的步骤及注意事项

(6)画眼线。将镜子放在距身体 20cm 处,眼睛向下看,用无名指把眼皮轻轻向上拉。贴着睫毛根部,由眼尾向眼角分段描画,外眼角拉长。用眼线刷,从眼角至眼尾将眼线推匀,使线条自然清晰。用眼线刷晕开眼线这一步是一定不能省的,这个步骤能让眼线看起来自然不会太死板,如果是内双、眼角容易出油的女士,建议使用眼线膏。

(7)画眼影。根据不同的服装颜色来搭配眼影。画眼影时要注意色彩的过渡,可以选择用中型眼影刷蘸取白色高光,从内眼角向外眼角大面积扫满整个上眼皮。用小型眼影刷在眼线上反复轻扫几次咖啡色,控制咖啡色的面积,只作小范围使用,这样可以使整个眼部看上去更立体。晕染时要注意层次的过渡,避免涂抹不匀造成的污浊感。

(8)刷睫毛膏。从最外梢→中间→根部的顺序分段式夹睫毛,这样夹的睫毛既自然又卷翘,卷翘能达到 80°。以走"Z"字形的手法刷睫毛,不能涂太多睫毛膏,以免睫毛会因为太重而翘不起来了。

(9)上腮红。以胭脂刷蘸取少量腮红,先上在颧骨下方,即高不及眼睛、低不过鼻底线、长不到眼长 1/2 处,向斜上方刷,然后才略做延伸晕染。

(10)涂唇彩。唇膏的颜色与腮红同色系,避免选用鲜艳或古怪的颜色,建议不用光泽度过高的唇彩。唇彩的颜色最好跟服装的主颜色一致。先用唇线笔描画,确定好唇形,用唇刷蘸取唇膏由两侧向中间均匀刷开,并不超出唇线。要注意的是,唇彩千万别涂满整张嘴。涂完唇膏后,要用纸巾吸去多余的唇膏,并细心检查牙齿上有无唇膏的痕迹。

完成上述几个步骤后,日常妆就算化好了,最后应检查妆容是否对称、均匀、和谐、自然。化妆完毕的面容应毫无痕迹,并显得典雅大方。社交场合,淡妆比浓妆艳抹效果更好,更显得人的修养和审美情趣的高尚。化妆时,粉底、眼影、腮红、口红的颜色应与人的皮肤、服饰的颜色协调,才有和谐之美。

总而言之,化妆的基本要求是应以画淡妆为主的工作妆,避免过量地使用芳香型化妆品,避免当众化妆,避免自己的妆面出现残缺。

另外,注意不要留妆太久,否则会堵塞毛孔,影响皮肤的正常呼吸与新陈代谢,久而久之会产生皮肤病。所以,睡前一定要卸妆,彻底清洁面部。面部化妆步骤见表 2-1。

面部化妆步骤　　　　　　　　　　表2-1

化妆内容	操作标准	基本要求
洁面	1.用温水将脸打湿； 2.取适量洗面奶于手心，搓至起泡； 3.由下巴向额头，用手指轻轻地按摩清洗1~2min； 4.用清水清洗； 5.用纸巾或毛巾把多余的水分吸干	1.手法自下而上打圈儿； 2.忌用毛巾在脸上乱搓
保湿	1.取一片化妆棉，把化妆水倒在上面； 2.把化妆棉上的化妆水擦在脸上； 3.用手轻拍面部	1.手法自上而下； 2.最好使用无尘化妆棉
滋润	1.取适量乳液于手心； 2.分别点在额头、左右脸颊、鼻尖、下巴处； 3.用手指轻轻涂抹开	1.手法自上而下打圈儿； 2.再用手轻拍面部
打粉底	1.取适量粉底霜； 2.用手指在脸上轻拍	1.粉底霜要与肤色接近； 2.注意颈部与脸色一致
画眉	1.修眉，拔除杂乱无序的眉毛； 2.描眉形	1.使眉形具有立体感； 2.注意两头淡，中间浓，上边浅，下边深
画眼线	1.先粗后细，由浓而淡； 2.上眼线从内眼角向外眼角画； 3.下眼线从外眼角向内眼角画	1.一气呵成，生动而不呆板； 2.上、下眼线不可以在外眼角处交会
画眼影	1.选择与个人肤色相匹配的眼影； 2.由浅而深，施出眼影的立体感	1.眼影色彩不可过分鲜艳； 2.颜色宜选择与服装一致
刷睫毛膏	1.用睫毛夹把眼睫毛夹卷翘； 2.由上向下刷睫毛； 3.由下向上刷睫毛	1.睫毛膏可多刷几次； 2.等睫毛膏干后再使用睫毛夹
扑腮红	1.选择适宜的腮红； 2.延展晕染腮红； 3.扑粉定妆	1.腮红应与唇膏或眼影属于同色系； 2.注意腮红与面部肤色的过渡应自然
涂唇彩	1.用唇线笔描好唇线； 2.涂好唇膏； 3.用纸巾擦去多余的唇膏	1.先描上唇，再描下唇，从左右两侧沿唇部轮廓向中间画； 2.描完后检查牙齿上有无唇膏痕迹
查妆容	查看妆容是否对称、均匀、和谐、自然	认真、仔细

4）卸妆

皮肤也需要呼吸，不论你是否有化妆的习惯，空气中的灰尘混合皮肤所分泌的油脂很容易造成毛孔阻塞,导致暗疮、黑斑、肤色暗沉等恼人问题。要令肌肤没有瑕疵,变得细致剔透,彻底的卸妆便是关键所在。

不同的卸妆产品各有不同的特色,要彻底洁面,必先了解卸妆产品的性质及自己的肤质,对症下药方能得到最理想的效果。

(1)卸妆油。针对含油脂的化妆品,混水使用后,只需以水清洗便可彻底卸除面上彩妆。溶解性强的卸妆油适合爱化浓妆及使用闪粉的女士。

(2)卸妆泡沫。质地轻盈的卸妆泡沫性质温和,在有效洁净肌肤之余不会带来紧绷的感觉,适合化淡妆人士使用。

(3)卸妆啫喱。水性较强的啫喱配方适合干性肤质人士使用,质感清爽,能彻底卸除彩妆及油脂。

(4)卸妆冷霜。质感丰润的卸妆冷霜质地幼滑,能溶解难以清除的彩妆、油脂和污垢,亦能避免令肌肤过于干燥,适合较干燥的肤质。

(5)卸妆布。吸收了卸妆液的卸妆布方便携带,最适合出差或旅游时使用。其温和的性质在洁面的同时,亦可让肌肤享受按摩之效。

(6)卸妆液。性质温和,能同时溶解油脂及含化学成分的化妆品。只需以蘸有卸妆液的化妆棉轻抹彩妆位置,便可有效卸除。

5)卸妆步骤

一般来说,卸除彩妆要从彩妆最重的眼部与唇部开始,这两处既是最能展现个人风采的部位,又是脸部肌肤最薄弱的部位,所以卸妆时要格外仔细与轻柔。眼部脆弱的肌肤集眼影、眼线、睫毛膏于一身,如不彻底清除眼部彩妆,会造成眼周肌肤黯淡无光泽,日积月累还会形成黑眼圈等不良后果。眼部、唇部和面部的卸妆操作标准和基本要求见表2-2。

眼部、唇部和面部的卸妆操作标准和基本要求 表2-2

卸妆内容	操作标准	基本要求
卸眼妆	1.用化妆棉或棉片蘸取眼唇专用卸妆液; 2.在眼部轻按3s,让眼妆充分地溶解; 3.按照眼皮的纹理,右眼顺时针,左眼逆时针的方向清洁	1.戴隐形眼镜或眼睛易过敏的人,一定要选择温和而不刺激的卸妆液; 2.在使用水油双层的眼唇专用卸妆液时,一定要在用前充分摇匀
卸唇妆	1.用化妆棉蘸取眼唇专用卸妆液; 2.轻敷双唇数秒,等卸妆液溶化口红后,再以化妆棉横向擦拭唇部; 3.再用沾有卸妆液的化妆棉由嘴角开始往内擦拭,擦拭嘴角时要注意方向是往内转动的	1.卸妆后应使用润唇膏保护唇部,避免唇纹加深; 2.可将蘸了保湿化妆水或保湿液的化妆棉敷在唇部,约10min即可

续上表

卸妆内容	操作标准	基本要求
卸面妆	1. 取适量的卸妆乳,用化妆棉或指尖均匀地涂于脸部、颈部,以打圈的方式轻柔按摩; 2. 鼻子以螺旋状由外而内轻抚,卸除脖子的粉底要由下而上清洁; 3. 用面巾纸或化妆棉拭净,直到面巾纸或化妆棉上没有粉底颜色为止	1. 卸妆完毕,应用性质温和的洗面奶洗脸,然后再用爽肤水对肌肤做最后的清洁,以及平衡肌肤的pH值; 2. 敏感皮肤在使用卸妆产品时应小心谨慎,最好选择不含酒精、香料、色素等化学成分且性质温和的卸妆产品,而且卸妆时间不宜过长; 3. 使用化妆棉卸妆时,可将化妆棉对折两次,用完一面再换干净的一面擦拭,这样一来化妆棉便可重复使用多次,既节省了化妆棉又提醒了自己多卸几次妆

2.1.4 城市轨道交通服务人员的面容要求

1) 女性服务人员的要求

(1) 脸。洁净无油光及明显伤疤。工作淡妆,自然和谐,干净完整。

(2) 眉。洁净整齐,适度修眉,眉形自然完整,眉色与发色接近。

(3) 眼。内外干净,无分泌物,无睡意,不充血,不斜视。近视人员应佩戴全透明镜片眼镜,洁净明亮,无缺边缺角。不戴假睫毛或有色隐形眼镜。

(4) 耳。内外洁净,无分泌物。可戴一对耳钉,耳钉直径不超过1cm。双耳均要露出。

女性服务人员
仪容修饰要求

(5) 鼻。内外干净无分泌物,鼻毛不外露。

(6) 嘴。唇色自然健康,嘴角无分泌物。口气清新,牙齿干净整洁,无食物残渣。工作中不嚼口香糖或槟榔。

(7) 脖。保持干净,饰品不外露于制服。勿与脸泾渭分明。

2) 男性服务人员的要求

(1) 不得留胡须。

(2) 双手要保持清洁健康,手指不得有抽烟留下的熏黄痕迹,指甲应保持清洁,修剪整齐,无凹凸不平的边角,长度不超过手指尖2mm。

(3) 工作中始终保持手和面部的清洁卫生。

(4) 可喷口香剂保持口气清新。

男性服务人员
仪容修饰要求

2.2 发型修饰

当今社会,头发的功能已不再单纯地表现人的性别,而是更全面地表现着一个人的道德修养、审美情趣、知识结构及行为规范。我们可以通过某人的发型准确地判断出其职业、身份、所受教育程度、生活状况及卫生习惯,更可以感受其身心是否健康和对生活事业的态度,所以,我们要首先"从头做起"。

2.2.1 发型修饰基本要求

为了确保自己的发部整洁,维护本人的完美形象,一般服务人员的发型修饰应当满足以下要求。

1) 干净清洁

头发干净清洁能给人留下干净卫生、神清气爽的印象;披头散发、蓬头垢面、头屑乱飞则给人萎靡不振、甚至缺乏教养的感觉。因此,无论有无交际应酬活动,平日都要对头发勤于梳洗,保持卫生清洁,不要临阵磨枪,更不能忽略或疏于对头发的管理。通常情况下,男士每半月理1次发,女士可根据自己的情况而定。夏季应1~2天洗一次头发,冬季则2~3天洗一次。如有重要的公务活动,还应事前认真洗发、理发、梳发,但注意要在私下完成,绝不能当着他人的面进行。

2) 长短适中

虽然一个人头发的长短是个人的喜好,但从社交礼仪和审美的角度看,它仍然受到若干因素的制约。

(1) 性别。一般来说,普通大众都能接受女性理短发,但很少能接受寸头;男性头发可以稍长,但不宜长发披肩、梳辫绾髻。演艺界、娱乐界、时尚界人士则另当别论。

(2) 身高。头发的长度,在一定程度上和个人身高有关。以女士为例,头发的长度与身高应成正比。个子高,头发可留得长些;个子矮,头发不可太长,短发更适合。

(3) 年龄。人有长幼之分,头发的长度亦受此影响。年龄渐大,头发要渐短。一位少女长发披肩,看起来美丽动人;如老人也这样,大家看了可能会觉得不太合适。

(4) 职业。不同的职业对头发的长度有不同的要求。例如,野战军战士为了负伤后抢救方便,通常剃光头,而政界、商界人士则不如此。商务人员头发的长度要方便工作,符合工作的要求;女性的刘海不能遮眉眼,发长不宜过肩部;若是长发,在工作中一定要扎起或盘起,不可披散;男性不宜留鬓角、发帘,做到前发不触及额头、侧发不触及耳朵、后发不触及衣领,最长不得超过7cm。

3) 适当美化

人们在发型修饰时,往往会有意识地运用某些技术手段对其进行美化,即所谓的美发。美发不仅要美观大方,而且要自然,雕琢痕迹不宜过重。

(1) 烫发。运用物理或化学手段,将头发做成适当的形状。如头发稀疏的人通过烫卷发的方法,使头发显得多一些;头发毛糙的人通过离子烫等方法使头发顺滑等。一般来说,烫发前要了解自己的发质。

(2)染发。有白发或是想改变发色,可以通过染发达到目的。东方人最适合的还是黑发,不过只要发色不太刺眼、工作单位认可,也可以改变自己的发色。

(3)假发。头发有先天缺陷或想改变发型者,均可使用假发。现在市场上假发品种很多,分真人发和尼龙发两种。无论使用哪一种,看起来一定要自然,不可过于俗气。

(4)发型。头发是衬托面容的框架,发型的变化与个人的审美有很大关系。一般来说,个人的发型要与自己的发质、脸形、体形、年龄、服饰、性格、风格及工作环境等因素很好地结合起来,才能塑造整体美的形象。

4)脸形对发型的影响

发型一定要适合自己的脸形。如椭圆形的脸,一般适宜各种发型;圆脸,应选择视觉上显长不显宽的发型,让顶部头发蓬高,两侧收紧,忌头发中分;长脸形,原则上用圆线条来弥补,男性发脚可稍微蓄低一点,女性顶发平贴头皮,前额留刘海,而且尽量让头发向两边分散,以增强横向扩张的感觉;正三角形脸,顶部头发蓬松,发梢稍微遮掩两颊;倒三角脸形,上半部头发不要蓬松,不宜取无缝式或全部后掠式,头发从前至后形成蓬松的弧度,女性长发至下巴以下,卷成弯曲的形状,可增加下边宽度,使脸形匀称;菱形脸形,挡住前额,耳后的头发蓬松,男士忌梳背头,女士可将头发剪为中长烫卷,使脸形看起来呈椭圆形。总体来说,脸形与发型应反向互补。

2.2.2 城市轨道交通服务人员发型要求

城市轨道交通女性服务人员一般要求留中长发时,发尾不超过衬衫衣领的下沿。上岗时必须露出双耳,且刘海不遮住眉毛。当发尾长过衬衫衣领下沿时,需将头发盘成发髻,收于指定的发网中,如图2-2所示。上岗时禁止保持披头散发、扎马尾等不符合职业规范要求的发型。除了工作发网及头花外,应选择与发色接近且无任何装饰物的皮筋绑头发。将碎发用黑色钢丝夹收夹干净。头饰总体来讲应当简单、实用,色彩不宜过于鲜艳花哨,材质不宜过于贵重,款式不宜复杂。一次只佩戴一种头饰。不得使用头箍或彩色发卡,不宜使用假发套。

具体发型要求如下。

(1)女性服务人员的发型要求。

①每天保持头发干净,有光泽,无头皮屑;

②短发不得过短,发长最长不得过肩,刘海应保持在眉毛上方,禁止理奇异发型;

③任何一种发型都应梳理整齐,使用发胶、摩丝定型,不得有蓬乱的感觉;

④头发应保持黑色或自然棕黄色,不得使用假发套;

⑤发夹、发箍、头花应为无饰物黑色。

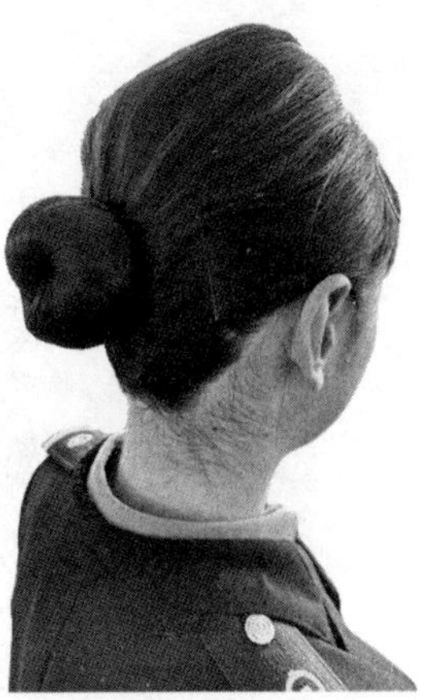

图2-2 女性服务人员的发髻

(2)男性服务人员的发型要求。

①每天保持头发干净,有光泽,无头皮屑;

②发型要得体,轮廓分明,头发应梳理整齐,使用发胶、摩丝等定型,不得有蓬乱的感觉;

③头发两侧鬓角不得超过耳垂底部,后部不长于衬衣领,不遮盖眉毛、耳朵,不烫发,不留胡须;

④不得剃光头、烫发和剪板寸头;

⑤头发应保持黑色或自然棕黄色,不得使用假发套。

2.2.3 城市轨道交通服务人员发型修饰方法

1)女性服务人员盘发方法

(1)普通圆髻。

用品:接近发色的皮筋1~2条、U形夹若干、隐形发网一个、定型产品,如图2-3所示。

图2-3 一般盘发用品

第一步:梳顺头发,用梳子梳头,确保头发没有缠绕。普通圆髻要求头发必须完全光滑,因此,如果头发毛躁或者容易飞起,可以用水雾状定型产品给头发增加一点湿度。

第二步:扎马尾,将头发往后面梳成一条马尾,位置在耳朵上下耳廓之间。确保头发的顺滑后,用皮筋扎成马尾,保证其紧固。确保其不会太松,以免时间太久头发松散。

第三步:旋发成髻,如图2-4、图2-5所示。将头发扭成绳索状,抓住马尾的尾部,顺一个方向圈成螺旋形。快结束时,将发尾藏进螺旋形中,用U形夹固定。最后用定型产品将碎发收整齐。

①如果头发较碎或是发量较多,可以用隐形发网将马尾整个兜住再旋形。

②将发夹夹在圆髻底部,尽可能不外露。

③如果公司有统一的头花,还需要将已盘好的发髻塞入头花中。

图2-4 旋发成髻(一)　　图2-5 旋发成髻(二)

(2)辫子式圆髻。

用品:接近发色的皮筋2条、U形夹若干、隐形发网1个、定型产品。

相对于普通圆髻,辫子式圆髻较紧,不易散,好固定。适合头发较长或较碎的女性。

第一步、第二步同"普通圆髻"。

第三步:编辫子,从底部开始,将头发分成三份,交叉编成普通的辫子。从右边的一撮开始与中间的交叉,再将左边的与中间交叉,继续这样的流程,直到编至发尾。编至发尾时,紧紧抓住,用发夹将辫子夹在头发上,这样就不需要使用橡皮筋。如果需要用到橡皮筋,尝试用小一点的,尽量隐藏起来,否则,很容易在圆髻里看到橡皮筋,如图2-6所示。

第四步:盘髻,如图2-7所示。从辫子底部开始,圈成螺旋形样子。当卷至尾部时,把发尾塞进圆髻底部。用几个发夹稳定头发,确保头发不会散开。最后用定型产品将碎发收整齐。如果有统一的头花,还需要将已盘好的发髻塞入头花中。

   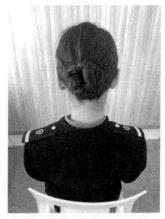

图2-6　编辫子　　　　图2-7　盘髻

2)男性服务人员头发造型方法

(1)发泥造型。

用品:吹风机、哑光发泥、发胶。发泥适合正常发质的男性。

第一步:将头发洗净后,用风筒吹干。

第二步:用手指取一定量的发泥,在指尖画圈式揉开,取量以一颗玻璃弹珠大小为宜。

第三步:将手指张开,插入头皮,然后并拢向上提,反复做几次;如果想要一绺绺的效果,用手指一小撮一小撮地捻、捋、搓几下。

发泥会比较硬,但造型感强。如果需要保持造型8h以上,就选发泥。但不能用太多,不然会显得死板。

(2)蓬松粉造型。

用品:吹风机、蓬松粉、发胶。蓬松粉适合发质细软的男性。

第一步:将头发洗净后,用风筒吹干。

第二步：把头发拨开，适量均匀地撒在发根和发尾上，记得一定要拨开头发，粉末才不至于都浮在头发表面上。

第三步：用手指搓揉蓬松粉撒上的部位，像平常抓发蜡、发泥那样去整理头发，会发现头发瞬间蓬松了许多，而且哑光无油，体现出自然蓬松的空气感造型。

蓬松粉的用量要提醒一下，一般十字形的开口，可以用手指盖住几个孔，均匀地多撒几次，少量多次的技巧更利于蓬松粉的均匀覆盖。

使用以上两种产品造型完毕后，均需要再使用发胶定型。使用发胶时一定要保持与头顶足够的距离，保证喷下来呈雾状，这样既起到了定型效果，又保证了原有头发的质感。除了距离足够远，按住喷嘴喷出时，应微微晃动手臂让喷出去的雾状有一定线条，才够均匀。

2.3 着装礼仪

着装礼仪是指人们在公众场合、社交场合、商务场合以及各种场合所应该穿着的服装打扮等，是一门实用性礼仪。

2.3.1 服饰基本要素

服饰，指的是装饰人体的服装和饰物，它是一种文化，也是一个国家和民族礼仪的重要标志之一。

在社交场合，个人的着装就好似一封无声的介绍信，时时刻刻向每一位交往对象传递着各种信息。著名的意大利影星索菲亚·罗兰曾深有感触地说："你的服装往往表明你是哪一类人物，它们代表着你的个性。一个和你会面的人往往自觉不自觉地根据你的衣着来判断你的为人。"伟大的莎士比亚则进一步强调："服装往往可以表现人格。"每个人想要通过着装给别人一个好形象，首先要了解服装的三要素，即色彩、面料、款式。

1）色彩

色彩是光作用于人眼引起除形象以外的视觉特性。要理解和运用色彩，必须掌握对色彩进行归纳整理的原则和方法，而其中最主要的是掌握色彩的属性。

色彩分为无彩色系和有彩色系。无彩色系是指白色、黑色和由白色、黑色调和形成的各种深浅不同的灰色。无彩色系的颜色只有一种基本性质——明度。明度是指色彩的明暗变化程度，体现色彩的深浅。明度用黑白度来表示，越接近白色，明度越高；越接近黑色，明度越低。有彩色系是指除了黑、白以外红、橙、黄、绿、青、蓝、紫等不同颜色。纯度是指色彩的纯净程度，它表示颜色中所含有色成分的比例。含有色成分的比例越大，色彩的纯度越高；含有色成分的比例越小，色彩的纯度越低。色彩越浅，明度越强；色彩越深，明度越弱。

色彩本身并无冷暖的温度差别，是视觉色彩引起人们对冷、暖感觉的心理联想。

(1) 暖色。人们见到红、红橙、橙、黄橙、红紫等颜色后,马上联想到太阳、火焰、热血等物象,产生温暖、热烈、危险等感觉。

(2) 冷色。见到蓝、蓝紫、蓝绿等色后,人们很易联想到太空、冰雪、海洋等物象,产生寒冷、理智、平静等感觉。

(3) 中性色。绿色和紫色是中性色。黄绿、蓝、蓝绿等色,使人联想到草、树等植物,产生青春、生命、和平等感觉。紫、蓝紫等色使人联想到花卉、水晶等稀贵物品,故易产生高贵、神秘的感觉。至于黄色,一般被认为是暖色,因为它使人联想到阳光、光明等,但也有人视它为中性色。当然,同属黄色,柠檬黄显得偏冷色,而中黄则感觉偏暖。

2) 面料

作为服装三要素之一,面料不仅可以诠释服装的风格和特性,而且直接左右着服装色彩、造型的表现效果。从总体上来讲,优质、高档的面料具有穿着舒适、吸汗透气、悬垂挺括、视觉高贵、触觉柔美等特点。

正式社交场合的服装,宜选纯棉、纯毛、纯丝、纯麻制品,有时,穿着纯皮革制作的服装也是允许的。

3) 款式

服装的款式,是指服装的种类与式样。好的服装款式可以有效掩盖缺点,突出个人优点。它不仅与着装者的性别、年龄、体型、职业、偏好有关,而且受制于文化、习俗、道德、宗教与流行趋势。在社交场合,对选择服装款式方面的要求很高,这是因为在服装三要素之中,有关款式方面的礼仪规范最详尽、最具体、最严格。

2.3.2 着装基本原则

在政务、商务、事务及社交场合,一个人的仪表不但可以体现文化修养,也可以反映审美趣味。穿着得体,不仅能给人留下良好的印象,而且还能够提高与人交往的能力。

1) 着装 TPO 三原则

在商务社交场合中正确着装是一个礼仪要素,提倡着装遵循 TPO(Time,Place,Object)原则。着装的 TPO 原则是世界通行的着装打扮的最基本的原则,该原则要求服饰应力求和谐,以和谐为美。

(1) T(Time)指时间,即服装的选择要与时间相适应。"时间"是一个广义的概念,主要包括三层含义:一是指时代的变迁,流行的更迭;二是指一年之中春夏秋冬四季的变化;三是指每天早晚的不同时间。在不同的时间,着装的类别、款式应有所变化。

(2) P(Place)指地点、场所,即服装的选择要与所处的场所相适应。地点、场所主要是指服装的穿着要考虑不同国家、不同地区所处的地理位置、自然条件以及生活习俗等。例如,上班着装要整齐划一、庄重、大方;社交着装应注意时尚、流行;休闲着装则强调舒适、自然。在海滨、浴场穿泳装出现是人们司空见惯的,但出现在街头、办公室则令人哗然。

(3) O(Object)指与目的、目标、对象相适应。与目的、目标、对象相适应是指要根据交往对象的特点,希望着装给他人留下的预期目的来选择服装,以给对方留下深刻印象。例如,应聘新职、洽谈生意应穿庄重大方的服装以表示自己的专业;参加聚会则可以穿休闲时尚的服装,使自己显得潇洒、随意,容易与别人相处。对于年龄来说,不同年龄的人有不同的穿着要求,年轻人应穿着鲜艳、活泼、随意一些,体现出年轻人的朝气和蓬勃向上的青春之美;而中老年人的着装则要注意庄重、雅致、整洁,体现出成熟和稳重。对于不同体型、不同肤色的人,就应考虑到扬长避短,选择合适的服饰。要根据不同的交往目的、交往对象选择服饰,从而给别人留下良好的印象。

2) 整洁性原则

整洁是着装的最基本原则。在任何情况下,着装都应力求整洁,避免肮脏和邋遢。一个穿着整洁的人能给人积极向上的感觉,总是受欢迎的;而一个穿着邋遢的人给人的感觉总是消极颓废的。所以,在社交场合,人们的着装要做到以下几点。

(1) 着装整齐。不允许又褶又皱,不熨不烫。
(2) 着装干净。不应当又脏又臭,令人生厌。
(3) 着装完好。不应当又残又破,乱打补丁。
(4) 着装卫生。经常换洗,不允许有明显的油渍、污渍。

3) 文明性原则

在日常生活中,不仅要做到会穿衣戴帽,而且还要着装文明,符合社会的传统道德和常规做法。正式场合的着装应注意以下三点。

(1) 忌穿过分裸露的衣服。袒胸露背、暴露大腿、赤膊都在禁忌之列。胸、腹、背、腋下、大腿,是公认的正式场合不准外露的五大禁区。在特别正式的场合,脚趾与脚跟同样也不得外露。

(2) 忌穿过瘦过小的衣服。在正式场合穿短裤、小背心、超短裙等过短的服装,不仅会使自己行动不便,频频"走光",而且也失敬于人,使他人多有不便。一般上装不宜短于腰部,否则,会露出裤腰、裙腰甚至肚皮,成了改头换面的"露脐装"。裤装式的服装,一般不宜为短裤款式。裙装的长度一般在膝盖以下。

(3) 忌穿过透过薄的衣服。内衣、内裤"透视"在外,令人一目了然,有失检点,也使他人难堪。尤其是女士,必须高度重视这一点,否则,可能会使交往对象产生错觉,引起麻烦。

2.3.3 体型着装指导

在现实生活中,并非每个人的体形都十分理想,人们或多或少地存在着形体上的不完美或欠缺,或高或矮,或胖或瘦。若能根据自己的体形挑选合适的服装,扬长避短,则能实现服装美和人体美的和谐统一。

1）苹果形身材

苹果形身形圆润，胸部、腹部及臀部等中间部位较丰满，胳膊较粗，小腿轮廓好。着装关键是在没有曲线的部位创造曲线，靠服装增加线条与角度来抵消身体的圆润，得到想要的外形和曲线。

（1）可选择V字领口的高腰线上装。V字领口能起到拉长视觉的效果，腰线下的下垂褶皱部分有遮盖腹部的作用。

（2）真丝、人造纤维等垂感较好的面料能掩盖身材的不足，可配紧身内衣起到收紧上身肥胖部位的效果。

（3）裤子和裙子首选竖线条，使用竖线条图案在视觉上有显瘦的效果。

（4）过于紧身的衣物会显得臃肿。避免穿带有褶皱的或侧面带有口袋等有修饰效果的裤子。这些会让身体的中段部位显得臃肿。

（5）图案可选择色彩对比较弱的大花纹图案，小花纹会更显胖。

2）沙漏形身材（钟形）

沙漏形身材的人身体曲线明显，胸、臀部丰满，腰肢纤细。

（1）卡其布直筒裙为首选，它稍微收紧的下摆能很好地展示曲线。搭配一条抢眼的腰带，可以把注意力吸引到腰线上。

（2）上衣可以选择体现身材的紧身衣，并且下摆在腰臀之间，展现腰部。

（3）可以选择性感的低腰微喇裤子，这样可以强调漂亮丰满的臀部曲线。

（4）上衣可选择V字低领口衫。

（5）选择传统路线的服装款式，如高腰裤或连衣裙，同样可以展现腰部线条。

3）矩形身材（H形）

矩形身材的人肩膀、腰部、臀部基本上是接近等宽的，会缺乏女性的曲线美。

（1）如果不是很胖的矩形身材，可以尝试选择一条腰带来重塑腰线。

（2）上衣选择收腰式或有腰部装饰的上装，这样可增加曲线感。

（3）裤子的腰上可有一些口袋、带子等修饰物，来增加臀部体积，创造一些腰部曲线。

（4）带有肩章的夹克有加宽肩部和强调肩部线条的设计效果。

（5）采用宽大硬挺面料的衣物很有可能会失去更多的曲线美。

4）梨形身材（A形）

梨形身材的人身体上身窄小，下身较宽。肩窄，胸部较小，腰细，臀部到大腿处较丰满。

（1）要在视觉上平衡上下身的比例差异，增加服装肩部设计。

（2）船领和露肩装上衣能很好地扩展肩线，平衡臀部的宽度。

（3）避免穿紧身上衣，这样会加大上下半身的对比，避免收腰的款式和束腰带。

（4）下身最好穿具有收缩感的深色衣服。

（5）直筒裤或微喇裤由于增加了裤腿处的宽度，会使臀部显得小一些。

(6) A 字裙同样能掩盖身体的不足之处。

2.3.4　职场女性着装礼仪

女士在着装的时候需要严格区分职业套装、晚礼服以及休闲服,它们之间有着本质的差别。在选择正式的商务套装的时候,无领、无袖或者是领口开得太低,太紧身的衣服应该尽量避免。衣服的款式要尽量合身,以利于活动。在选择服装的时候要根据自己的体形、发色和肤色来选择颜色和样式。西服套裙是女性的标准职业着装,可塑造出有力量的形象。

质料的讲究是不折不扣的事实。所谓质料是指服装采用的布料、裁制手工、外形轮廓等条件的精良与否。职业女性在选择套装时一定不要忽视它。除此之外,女性应遵循以下通用的着装标准。

女士正装穿着规范

1) 套裙选择标准

(1) 面料。

总体来说,套裙在面料上的选择余地要远比西装套装大得多。其主要的要求是:套裙所选用的面料最好既是纯天然质地的面料又是质料上乘的面料,上衣、裙子以及背心等应当选用同一种面料。在外观上,套裙所选用的面料,讲究的是匀称、平整、滑润、光洁、丰厚、柔软、悬垂、挺括,不仅弹性、手感要好,而且应当不起皱、不起毛、不起球。

通常,人们对于组成套裙的上衣、裙子以及背心等面料的一致性是最为看重的。这样可以使套裙浑然一体、朴素自然,而且还会使穿着者看起来高雅、脱俗、美观、悦目。

(2) 色彩。

在色彩方面,套裙的基本要求是应当以冷色调为主,借以体现出着装者的典雅、端庄与稳重。套裙的色彩应当清新、雅致而凝重,因此,不应选择鲜亮抢眼的色彩。与此同时,还须使与各种"流行色"保持一定的距离,以示自己的传统与持重。

具体而言,标准而完美的套裙的色彩,不仅要兼顾着装者的肤色、形体、年龄与性格,而且更要与着装者从事商务活动的具体环境彼此协调一致。在一般情况下,各种加入了一定灰色色彩的服装,如藏青、炭黑、烟灰、雪青、茶褐、土黄、紫红等稍冷一些的色彩,往往都是女士可以考虑的。由此可知,与男士所穿的西装套装相比,女士所穿的套裙颜色选择范围也远不止于蓝、灰、棕、黑等几种。

不仅如此,套裙的色彩有时还可以不受单一色彩的限制。以两件套套裙为例,它的上衣与裙子可以是一色,也可以采用上浅下深或上深下浅等两种并不相同的色彩,使之形成鲜明的对比来强化它所留给别人的印象。在上面所提及两种套裙色彩的组合法中,前者庄重而正统,后者则富有活力与动感,两者各有千秋。

不过还是应当切记:一套套裙的全部色彩至多不要超过两种,不然就会显得杂乱无章。

(3) 图案。

选择套裙讲究的是朴素而简洁,因此考虑其图案问题时,也必须注意到这一点。

按照常规,女士在正式场合穿着的套裙,可以不带有任何图案。如果本人喜欢,套裙可以各种或宽或窄的格子、或大或小的圆点、或明或暗的条纹为主要图案。其中,采用以方格为主体图案的格子呢所制成的套裙,可以使人静中有动,充满活力,所以,多年以来,它一直盛行不衰、大受欢迎。

一般认为,套裙不应以花卉、宠物、人物、文字、符号为主体图案。一名白领丽人假如穿着那样的套裙行走于商界,不但过分地引人瞩目,而且看起来也会让人感到头晕目眩。总而言之,绘有此类图案的面料,往往不适合制成套裙。

(4)点缀。

套裙上不宜添加过多的点缀,否则,极有可能会使其显得琐碎、杂乱、低俗和小气。有的时候,点缀过多还会使穿着者有失稳重。

一般而言,以贴布、绣花、花边、金线、彩条、扣链、亮片、珍珠、皮革等加以点缀或装饰的套裙,都不会有好的效果,这一类的套裙往往是不为人们所接受的。

不过,并非所有带有点缀的套裙均应遭到排斥,有些套裙上适当地采用装饰扣、包边、蕾丝等点缀之物,实际效果其实也不错。重要之点在于,套裙上的点缀宜少不宜多、宜精不宜糙、宜简不宜繁。

(5)尺寸。

从具体的尺寸来讲,套裙可谓变化无穷。不过从根本上来看,套裙在整体造型上的变化,主要表现在它的长短与宽窄两个方面。

一般说来,在套裙之中,上衣与裙子的长短是没有明确而具体规定的。传统的观点是:裙短则不雅,裙长则无神,裙子的下摆恰好抵达着装者小腿肚上的最为丰满之处,乃是最为标准、最为理想的裙长。应强调的是,在套裙之中,虽然超短裙已被渐渐地接受,但是出于自尊自爱与职业道德等方面的缘故,套裙之中的超短裙并非越短、越"迷你"越好,过多地裸露自己的大腿无论如何都是不文明的。在一般情况下,套裙之中的超短裙,裙长应以不短于膝盖以上15cm为限。

在套裙之中,由于背心需要内穿,不宜过于宽松肥大;由于裙子强调贴身为美,故以窄为主,因此套裙的宽窄问题,实际上主要与上衣有关。

以宽窄肥瘦而论,套裙之中的上衣分为紧身式与松身式两种。紧身式上衣的肩部平直、挺拔,腰部收紧或束腰,其长多不过臀,整体上呈倒梯形造型,线条硬朗而鲜明。松身式上衣的肩部则大都任其自然,或稍许垫高一些,腰部概不收缩,衣长往往直至大腿,线条上讲究自然而流畅。一般认为紧身式上衣显得较为正统,松身式上衣则看起来更加时髦一些。

(6)款式。

套裙在款式方面的变化,主要集中于上衣与裙子。一般来说,背心的变化往往不会太大。

套裙之中上衣的变化主要表现在衣领方面。除了最为常见的平驳领、枪驳领、一字领、圆状领、V字领、U字领之外,青果领、披肩领、燕翼领、蟹钳领、束带领等领型也并不罕见。

上衣的另外一个主要变化则表现在衣扣方面。它既有无扣式的,也有单排式、双排式的;既有明扣式的,也有暗扣式的。在衣扣的数目上,少则只有一粒,多则不少于十粒。就具体作用而论,有的纽扣发挥实际作用,有的纽扣则只起着装饰作用。

除了领型、纽扣等方面的变化,套裙之中的上衣在门襟、袖口、衣袋等方面,往往也多会花样翻新、式样百出。

作为套裙的主角,裙子的式样也不乏变化。常见的西装裙、一步裙、围裹裙、筒式裙、折叠裙等,百褶裙、旗袍裙、开衩裙、A字裙、喇叭裙等,它们都是大受欢迎的式样。

2) 穿着套裙标准

女士在正式场合要想显得衣着不俗,不仅要注意选择一身符合常规要求的套裙,更要注意的是,套裙的穿着一定要得法。也就是说,在穿着套裙时,套裙的具体穿着与搭配的方法多有讲究。

(1) 套裙应当大小适度。

一套做工精良的优质面料的套裙,穿在一位白领丽人的身上,首先必须大小相宜。通常认为,套裙之中的上衣最短可以齐腰,而其中的裙子最长则可以达到小腿的中部,在一般情况下,上衣不可以再短,裙子也不可以再长。否则,便会给人以勉强或者散漫的感觉。

特别应当注意,上衣的袖长以恰恰盖住着装者的手腕为好。衣袖如果过长,甚至在垂手而立时挡住着装者的大半个手掌,往往会使其看上去矮小而无神;衣袖如果过短,甚至将其手腕完全暴露,则会显得滑稽而随便。

(2) 套裙应当穿着到位。

在穿套裙时,必须依照其常规的穿着方法,将其认真穿好,令其处处到位。尤其要注意:上衣的领子要完全翻好,衣袋的盖子要拉出来盖住衣袋;不允许将上衣披在身上,或者搭在身上;裙子要穿得端端正正,上下对齐之处务必好好对齐。

按照规矩,女士在正式场合穿套裙时,上衣的衣扣只能一律全部系上,不允许将其部分或全部解开,更不允许当着别人的面随便将上衣脱下来。

(3) 套裙应当考虑场合。

与任何服装一样,套裙自有适用的特定场合。

商务礼仪规定:女士在各种正式的商务交往之中,一般以穿着套裙为好。在涉外商务活动之中,则务必应穿着套裙。除此之外,大都没有必要非穿套裙不可。

(4) 套裙应当协调妆饰。

高层次的穿着打扮,讲究的是着装、化妆与佩饰风格统一,相辅相成。因此,在穿着套裙时,女士必须具有全局意识,将其与化妆、佩饰一起通盘加以考虑。

3) 套裙的搭配

套裙的搭配主要应当考虑衬衫、内衣、衬裙、鞋袜的选择是否适当。

(1)衬衫。

与套裙配套穿着的衬衫,有不少的讲究。从面料上讲,主要要求轻薄而柔软,因此,真丝、麻纱、府绸、罗布、花瑶、涤棉等,都可以用作其面料。从色彩上讲,它的要求则主要是雅致而端庄,并且不失女性的妩媚。同时,还要有意识地注意,应使衬衫的色彩与同时所穿的套裙的色彩互相般配,要么外深内浅,要么外浅内深,形成两者之间的深浅对比。

女式衬衫的款式甚多,其变化多体现在领型、袖管、门襟、轮廓、点缀等方面。应当说明的是,与套裙配套穿的衬衫不必过于精美,领型等细节上也不宜十分新奇夸张。那些样式极其精美、新奇、夸张的衬衫,其实仅适合单穿。

穿衬衫时,须注意下述事项:一是衬衫的下摆必须掖入裙腰之内,不得任其悬垂于外,或是将其在腰间打结;二是衬衫的纽扣要一一系好,除最上端一粒纽扣按惯例允许不系外,其他纽扣均不得随意解开;三是衬衫在公共场合不宜直接外穿。按照礼貌,不许在外人面前脱下上衣,直接以衬衫面对对方。身穿紧身而透明的衬衫时,特别须牢记这一点。

(2)内衣。

内衣,被称为"贴身的关怀"。在穿着套裙时,按惯例,亦须对同时所穿的内衣慎加选择,并注意其穿着之法。

在内衣的穿着方面,必须注意以下四点。

①一定要穿内衣。无论如何,在工作岗位上不穿内衣的做法都是失礼的。

②不宜外穿内衣。有人为了显示自己新潮,在穿着套裙时索性不穿衬衫,而直接代之以连胸式衬裙、文胸,更有甚者,甚至在套裙之内仅仅穿着文胸。此种出格的穿法是甚为不雅的。

③不准外露内衣。穿内衣之前,务必要检查一下它与套裙是否大小相配套。若是无意之中在领口露出一条文胸的带子或是在裙腰外面露出一圈内裤,都会给自身形象造成无可挽回的损失。

④不准外透内衣。选择与内衣一同穿着的套裙、衬衫时,三者厚薄应有别,切勿令三者一律又薄又透且色彩反差甚大,内衣从外面被看得清清楚楚,有伤大雅。

(3)衬裙。

衬裙,特指穿在裙子之内的裙子,一般而言,穿套裙时一定要穿衬裙,尤其是穿丝、棉、麻等薄型面料或浅色面料的套裙时。

选择衬裙时,可以考虑各种面料,但是以透气、吸湿、单薄、柔软者为佳。过于厚重或过于硬实的面料,通常不宜用来制作衬裙。

在色彩与图案方面,衬裙的讲究是最多的。衬裙的色彩宜为单色,如白色、肉色等,但必须与外面套裙的色彩相互协调。两者要么彼此一致,要么外深内浅,不管怎么说,都不允许出现两者外浅内深的情况。一般情况下,衬裙上不宜出现任何图案。

从款式方面来看,衬裙亦须与套裙相配套。大体上来说,衬裙的款式应特别关注线条简单、穿着合身、大小适度这三点。它既不能长于外穿的套裙,也不能过于肥大,而将外穿的套裙撑得变形。

穿衬裙时,有两条主要的注意事项:一是衬裙的裙腰切不可高于套裙的裙腰,使衬裙暴露在外;二是应将衬衫下摆掖入衬裙裙腰与套裙裙腰两者之间,切不可将其掖入衬裙裙腰之内。

(4)鞋袜。

对于鞋袜,每一位爱惜自身形象的人都切不可对其马虎大意。有人曾言"欲了解一个人的服饰品位,看一看她所穿的鞋袜即可。"此言更是说明了鞋袜之于女士的重要性。

选择鞋袜时,自当首先注意其面料。女士用以与套裙配套的鞋子,宜为皮鞋,并且以牛皮鞋为上品。同时,所穿的袜子则可以是尼龙丝袜或羊毛袜。

鞋袜的色彩则有许多特殊的要求,与套裙配套的皮鞋,以黑色最为正统。此外,与套裙色彩一致的皮鞋亦可选择。穿套裙时所穿的袜子可有肉色、黑色、浅灰、浅棕等几种常规选择,只是它们宜为单色。要强调的是,穿套裙时,需有意识地注意一下鞋、袜、裙三者之间的色彩是否协调。一般认为,鞋、裙的色彩必须深于或略同于袜子的色彩。若是一位女士在穿白色套裙、白色皮鞋时穿上一双黑色袜子,就只会给人以长着一双"乌鸦腿"之感了。

鞋袜在与套裙搭配穿着时,其款式有一定之规。与套裙配套的鞋子,宜为高跟、半高跟的船式皮鞋或盖式皮鞋;系带式皮鞋、丁字式皮鞋、皮靴、皮凉鞋等,都不宜采用。高筒袜与连裤袜则是与套裙的标准搭配,中筒袜、低筒袜绝对不宜与套裙同时穿着。

简而言之,女士应注重整体和立体的职业形象。正式的场合仍然以西装套裙等正式的职业装为主;较正式的场合也可以选用简约、质地好的上装和裤装,并配以女式高跟鞋;较为宽松的场合,则可以在服装和鞋的款式上稍做调整。

2.3.5 男士西装礼仪

男士在穿着西装时,不能不对其具体的穿法倍加重视。不遵守西装的规范穿法,在穿西装时肆意妄为,都是有违礼仪的无知的表现。

1)男士西装着装礼仪

(1)要拆除衣袖上的商标。

男士正装穿着规范

西装上衣左边袖子上的袖口处,通常会缝有一块商标。有时,那里还同时缝有一块纯羊毛标志。在正式穿西装之前,切勿忘记将它们先行拆除。这种做法等于是对外宣告该套西装已被启用。

(2)要熨烫平整。

欲使一套穿在自己身上的西装看上去美观而大方,首先就要使其显得平整而挺括,线条笔直。要做到这一点,除了要定期对西装进行干洗外,还要在每次正式穿着之前,对其进行认真的熨烫。千万不要疏于此点,而使之皱皱巴巴、脏兮兮,美感全失。

(3) 要扣好纽扣。

穿西装时，上衣、背心与裤子的纽扣，都有一定的系法。在三者之中，又以上衣纽扣的系法讲究最多。一般而言，站立之时，特别是在大庭广众之前起身而立之后，西装上衣的纽扣应当系上，以示郑重其事。就座之后，西装上衣的纽扣则大都要解开，以防其"扭曲"走样。只有在内穿背心或羊毛衫，外穿单排扣上衣时，才允许站立之际不系上衣的纽扣。

通常，西装的单排扣上衣与双排扣上衣纽扣又有各不相同的具体系法。系单排两粒扣式的西装上衣的纽扣时，讲究"扣上不扣下"，即只系上边那粒纽扣。系单排三粒扣式的西装上衣的纽扣时，要么只系中间那粒纽扣，要么系上面那两粒纽扣。而系双排扣式的西装上衣的纽扣时，则可以系上的纽扣一律都要系上。

穿西装背心，不论是将其单独穿着，还是穿着它同西装上衣配套，都要认真地扣上纽扣，而不允许任其自由自在地敞开。一般情况下，西装背心只能与单排扣西装上衣配套，它的纽扣数目有多有少，但大体上可分为单排扣式与双排扣式两种。根据西装的着装惯例，单排扣式西装背心的最下面的那粒纽扣应当不系，而双排式西装背心的全部纽扣则必须统统系上。

目前，西裤的裤门有的是纽扣，有的则是拉锁。一般认为，前者较为正统，后者则使用起来更加方便。不管是何种方式，都要时刻提醒自己，将纽扣全部系上或是将拉锁认真拉好。参加重要的活动时，还须随时悄悄地对其进行检查。西裤上的挂钩，亦应挂好。

(4) 要不卷不挽。

穿西装时，一定要悉心呵护其原状。在公共场所里，千万不要当众随心所欲地脱下西装上衣，更不能把它当作披风一样地披在肩上。

(5) 要慎穿毛衫。

男士要打算将一套西装穿得有"型"有"味"，那么除了衬衫与背心之外，在西装上衣之内，最好就不要再穿其他任何衣物。

(6) 要巧配内衣。

西装的标准穿法是衬衫之内不穿棉纺或毛织的背心、内衣。因特殊原因而需要在衬衫之内再穿背心、内衣时，有三点注意事项：一是数量上以一件为限；二是色彩上宜与衬衫的色彩相仿，至少也不应使之比衬衫的色彩更深，免得令两者"反差"鲜明；三是款式上应短于衬衫。

(7) 要少装东西。

为保证西装在外观上不走样，就应当在西装的口袋里少装东西，或者不装东西。在西装上衣上，左侧的外胸袋除可以插入一块用以装饰的真丝手帕，不准再放其他任何东西，尤其不应当别钢笔、挂眼镜。内侧的胸袋可用来别钢笔、放钱夹或名片夹，但不要放过大过厚的东西或无用之物。外侧下方的两只口袋，则原则上以不放任何东西为佳。

在西装背心上，口袋多具装饰的功能，除可以放置怀表之外，不宜再放别的东西。

在西装的裤子上，两只侧面的口袋只能够放纸巾、钥匙包或者零钱包。其后侧的两只口袋则大都不放任何东西。

总结男士穿西装的重要规则为"三个三"。第一个"三"指三色原则,即穿西装时,全身的颜色不能多于三种,包括上衣、下衣、衬衫、领带、袜子在内;第二个"三"指三一定律,即穿西装、套装外出时,鞋子、腰带、公文包应为同一颜色,而且首选黑色;第三个"三"指三大禁忌,即穿西装时有三种禁忌:其一,袖子上的商标没有拆;其二,在重要场合,穿夹克或短袖衬衫打领带;其三,袜子的问题。在重要场合,白色袜子和尼龙丝袜子都不能与西装搭配。

2)男士西装着装规则

(1)色彩。

西装必须庄重、正统,可以选择灰色、藏蓝色或棕色的单色西装。黑色的西装更适合在庄严而肃穆的礼仪性活动之中穿着。在正式场合不要穿色彩鲜艳或发光发亮的西装,朦胧色、过渡色的西装,通常也不要选择。

(2)衬衫。

正装衬衫须为单色。在正式场合,白色衬衫是最好选择,以无任何图案为佳。有四点注意事项:一是衣扣、领扣、袖扣都要系上,不打领带时才可解开衬衫的领扣;二是袖长要适度,最美观的做法是令衬衫的袖口恰好露出1cm左右;三是下摆要放好,要将下摆均匀地掖进裤腰之内;四是大小要合身,在办公室里可以暂时脱掉西装上衣,直接穿长袖衬衫、打着领带。

(3)纽扣。

一般而言,站立之时,西装上衣纽扣应当系上,以示郑重其事。就座之后,西装上衣的纽扣,则要解开,以防其"扭曲"走样。内穿羊毛衫,外穿单排扣上衣时,站立时刻不系上衣的纽扣。系单排两粒纽扣的西装上衣时,"扣上不扣下"。系单排三粒扣式的西装上衣时,可只系中间的纽扣,也可只系上面两粒纽扣。系双排扣式的西装上衣时,纽扣都要扣上。穿西装背心,不论是单独穿着,还是穿着它同时穿上衣配套,都要扣上纽扣。西裤纽扣全部系上,拉链要拉好。

(4)领带。

领带是"西服的灵魂"。一般而言,穿西装套装是要打领带的。穿单件西装时,领带则可打可不打。不穿西装的时候,通常可以不打领带。正式场合要使用真丝、单色领带、多色领带,多色领带一般不要超过三种色彩。用于正式场合的领带,其图案应规则、传统。领带打好后,外侧应略长于内侧,领带下端长度应当在腰带扣上下端之间。不要在正式场合使用"易拉得"领带。领带的位置应处于西装上衣与内穿的衬衫之间。

3)男士领带打法

(1)温莎结。

温莎结是因温莎公爵而得名的领带结,是最正统的领系法,打出的结成正三角形,饱满有力,适合搭配宽领衬衫。该领带结应多往横向发展,避免材质过厚的领带,领带结也勿打得过大。要诀:宽边先预留较长的空间,绕带时的松紧会影响领带结的大小。

(2)双环结。

一条质地细致的领带再搭配上双环结颇能营造时尚感,适合年轻的上班族选用。要诀:该领结完成的特色就是第一圈会稍露出于第二圈之外。

(3)平结。

平结是男士们选用最多的领带结打法之一,几乎适用于各种材质的领带。完成后领带结呈斜三角形,适合窄领衬衫。要诀:宽边在左手边,也可换右手边打;在选择"男人的酒窝"(形成凹凸)情况下。

(4)浪漫结。

浪漫结是一种完美的结形,故适用于各种浪漫系列的领口及衬衫,完成后将领结下方之宽边压以褶皱可缩小其结型。要诀:窄边亦可将它往左右移动,使其小部分出现于宽边领带旁。

(5)双交叉结。

双交叉结很容易让人有种高雅且隆重的感觉,适合正式活动的场合选用。该领结应多运用在素色且丝质领带上,适合搭配大翻领的衬衫使之有种尊贵感。要诀:宽边从第一圈与第二圈之间穿出,使领带结充实饱满。

4)皮鞋、袜子、公文包的搭配

(1)皮鞋。

穿西装要穿皮鞋,一般来说,皮鞋与西装最为匹配,颜色应为深色、单色,黑色最适合配西装套装。皮鞋的款式,要庄重、正统。皮鞋要勤换、勤晾,鞋面要无尘,鞋底要无泥,鞋垫要相宜,尺码要适当。

(2)袜子。

袜子以深色、单色为宜,最好是黑色。不要穿与西装、皮鞋的色彩对比鲜明的白色袜子、浅色袜子、彩色袜子,或者其他发光、发亮的袜子。

(3)公文包。

公文包是"移动式办公桌"。穿西装外出办事一般要带公文包,颜色以黑色、棕色为好,样式以手提式长方形公文包为好。

2.3.6 制服穿着

城市轨道交通服务人员穿着醒目、统一的制服,既可以使乘客产生依赖感和安全感,便于乘客辨认,又可以让工作人员产生职业的特殊感、责任感和荣誉感。佩戴标明其姓名、职务、部门的名牌还能充分发挥制服所独具的鞭策作用。整齐而美观的制服还可以达到美化自身、形成整体美的效果。

尽管全国轨道交通企业制服各不相同，但多数制服的款式类型有西服款式、军装风格款式两种，穿着时应符合各自的礼仪规范。

1）西服款式

大多数管理岗位的制服以西服款式为主。因此，可以参考西服的着装礼仪。西服套装可以分别按件数、按纽扣进行分类。

单排扣的西服在系纽扣时，一般的做法是"系上不系下"，即最下面那粒扣子通常不系（1粒扣西装除外）。双排扣的西服，所有扣子都要系好。如果公司有统一要求时，应按本公司的规定。女士的西服款式一般选择西服套裙，主要包括西装上衣加一条半截式西装裙，俗称女士套装。这样的款式会显得女性干练、成熟、洒脱，而且还可以显示出女性的优雅、文静、大方、庄重。

女士制服需要系领花或丝巾时，要将衬衫顶扣系好。不系领花或丝巾时，可以解开顶扣。女士在公众场合，不能随意解衣扣。脱外套也最好避人进行。

2）军装风格款式

军装风格款式制服是国内城市轨道交通运营企业最普遍的制服款式，显得雄壮威武、英姿飒爽。这也与城市轨道交通运营企业"半军事化"的管理方式不无关系。在穿着这类制服时，应按规定配套穿着，不可将制服与便服外衣混穿。

中国铁路总公司为全国18个铁路局、铁路（集团）公司配发了统一的制服，也称"国铁制服"，分为春、夏、秋、冬四款。

我国城市轨道交通运营企业制服款式不同，穿着要求也不相同。城市轨道交通服务人员应该严格执行公司制定的制服穿着规范，塑造"职业化"仪表，为乘客留下"专业化"的良好印象。

穿着军装风格款式制服时应当按规定系好衣扣。不得挽袖、披衣、敞怀、卷裤腿；内穿毛衣、绒衣、背心时，尽可能不外露。非因公外出应当穿便装。

2.3.7 城市轨道交通服务人员着装要求

城市轨道交通服务人员基本都穿着企业定制的制服上岗，对于着装要求如下。

1）女性服务人员要求

（1）基本要求。

衣着合体，不得随意改变制服款式。制服应洗净，熨烫平整，无污渍、斑点、皱褶、脱线、缺扣、残破、毛边等现象，制服上下不得佩戴任何饰物；着制服当班时，必须佩戴职务标志。在非工作时间，除集体活动外，不得穿制服出入公共场合。

（2）夏装着装要求。

连裤袜的颜色应统一为肉色或浅灰色，不得出现破洞和抽丝等现象。统一佩戴领花或丝巾。制服上装每天都须水洗。不得将笔插放在衣兜内。

(3) 春秋装、冬装着装要求。

外套、上衣、裙子、裤子的纽扣和拉链等应扣好、拉紧。统一佩戴领带、领花或丝巾；系领带时，衬衣应束在裙子或裤子内，衬衣的衣袖不得卷起。裤装必须干净、平整、有裤线、不可有光亮感。穿着风衣、大衣时，须扣好纽扣，系好腰带。穿着外套、风衣、大衣时，必须戴工作帽，但在车厢、室内可不戴。不得将笔插在衣服前襟。

2) 男性服务人员要求

(1) 基本要求。

衣着合体，不得随意改变制服款式。制服应洗净，熨烫平整，无污渍、斑点、皱褶、脱线、缺扣、残破、毛边等现象。制服上不得佩戴任何饰物；着制服当班时，必须佩戴职务标志。袜子的颜色应统一为深蓝色或黑色。在非工作时间，除集体活动外，不得穿制服出入公共场合。

(2) 夏装着装要求。

统一佩戴领带，衣领上的扣环必须扣好，上衣应束于裤内。裤子必须保持干净、平整、有裤线，不可有光亮感。制服每天必须清洗。

(3) 春秋装、冬装着装要求。

袜子的颜色应统一为黑色或深蓝色，每天更换。外套、上衣、裤子的纽扣拉链等应扣好、拉紧，统一佩戴领带，衬衣应束于裤内，衬衣的衣袖不得卷起。穿着风衣、大衣时，须扣好纽扣，系好腰带。外露的皮带为黑色。穿着外套、风衣、大衣时，必须戴工作帽，在车厢、室内时可不戴。

3) 皮鞋穿着要求

皮鞋款式应简洁朴素，不得有任何装饰物，保持光亮无破损。不赤足穿鞋，不穿尖头鞋、拖鞋、露趾鞋，鞋跟高度不超过 3.5 cm，跟径不小于 3.5 cm。

4) 饰物穿戴要求

(1) 必须戴走时准确的手表，手表款式、颜色简单不夸张，宽度不得超过 2 cm，不得系挂怀表。

(2) 只可佩戴一枚设计简单的金、银或宝石戒指。

(3) 女性服务人员可佩戴发夹、发箍或头花及一副直径不超过 3 mm 的耳钉。不得佩戴耳环、耳坠等。

(4) 男性服务人员不准佩戴任何饰物。

(5) 不准歪戴帽子。

2.3.8 职业着装禁忌

职业着装，男女都宜体现端庄大方。尽管女性的服装比男性更具个性，但是有些规则是所有女性都必须遵守的。一般而言，无论男士还是女士，在职场着装中应避免以下禁忌。

1）过分鲜艳杂乱

着装宜遵守三色原则,全身五颜六色并不能体现出美感。服装色彩不宜过于夺目,以免干扰工作环境,影响整体工作效率,应考虑与办公室的色调气氛相和谐,并与具体的职业分类相吻合。除了衣服色彩注重搭配之外,上衣、裤子、裙子、配饰等也应留意搭配协调,如女性穿着套裙就不宜再配凉鞋。

2）过分暴露紧身

在工作之中,没有必要向外人炫耀自己的身材,不宜穿着紧身装。正式场合"六不露":不露胸部、肩部、腰部、背部、脚趾、脚跟。开衩很高的裙子体现的性感与超短裙不相上下,工作场所最好不要表现出暧昧气氛。再热的天气,也应注意自己仪表的整洁、大方。

3）过分时尚耀眼

在办公室中,主要表现的是工作能力而非赶时髦的能力。职场不是一个炫富的场所,不需要展示你的财力,特别是从事服务性的工作,工作人员需要展示的是自己的职业素养。

换而言之,职场服装的选择,其基本特点是端庄、简洁、稳重和亲切。

 知识拓展

领带及丝巾的多种系法

一、领带的多种系法

1. 半温莎结

半温莎结让男性看起来有风度更有自信。半温莎结是一种比较浪漫的领带打法,近似正三角形的领形比四手结打出的斜三角形更庄重,结形比四手结稍微宽一些,适用于任何场合,在众多衬衫领形中,与标准领是最完美的搭配。如果是休闲的时候,用粗厚的材质系半温莎结,能突显出一股随意与不羁。半温莎结系法如图2-8所示。

第一步:宽的一端(简称"大端",见图2-8中LG)在左,窄的一端(简称"小端",见图2-8中SM)在右。大端在前,小端在后,呈交叉状。

第二步:将大端向内翻折。

第三步:大端从右边翻折出来之后,向上翻折。

第四步:大端旋绕小端一圈。

第五步:拉紧。

第六步:将大端向左翻折,成环。

第七步:由内侧向领口三角形区域翻折。

第八步:打结,系紧。

第九步:完成。

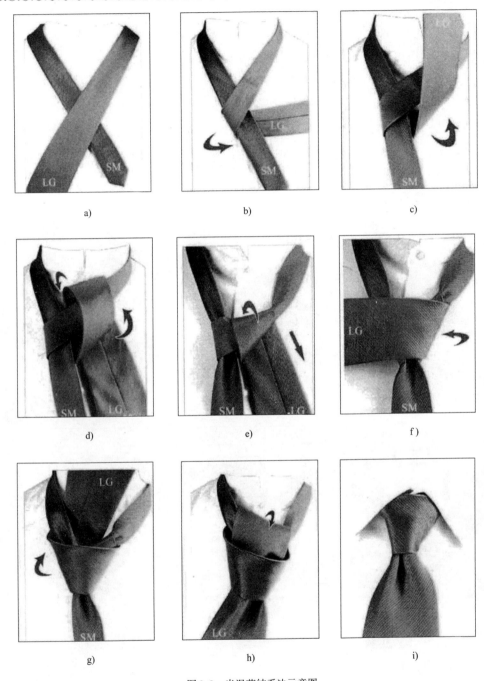

图2-8 半温莎结系法示意图

2. 普瑞特结

与其他基本打法比较,普瑞特结的特点是开始打结时领带的背面朝外,这样做有一个好处,即可以减少一个缠绕的步骤,领结形状似温莎结的端正,却又比温莎结体积要小,十分美观。

第一步:宽的一端(大端,见图2-9中LG)在左,窄的一端(小端,见图2-9中SM)在右,大端在后,小端在前,交叉叠放。注意领带反面朝外。

第二步:如图2-9中箭头所示,由外至内,将大端向两者交叉的区域翻折。

第三步:再将大端从左边拉出,也就是大端绕小端一圈,回到原位。

第四步:接着将大端向右平行翻折。

第五步:从内侧翻折到领口的三角形区域。领带结表面成环。

第六步:打结,系紧。

第七步:完成。

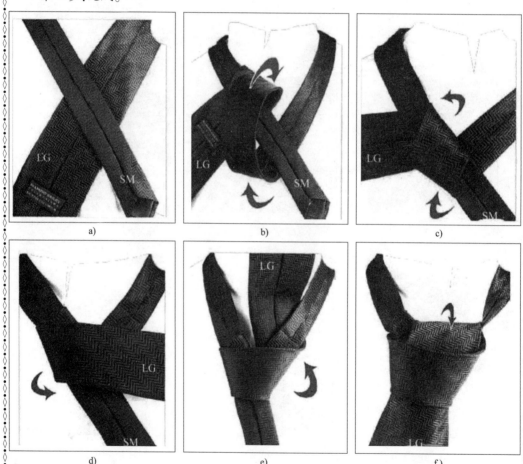

图2-9 普瑞特结法示意图

二、丝巾的多种系法

1.巴黎结

第一步:利用重复对折将方巾折出领带型,绕在颈上打个活结。

第二步:将上端遮盖住结眼,并将丝巾调整至适当位置。

第三步:完成。

巴黎结如图2-10所示。

2. 领带结

第一步:将丝巾对折再对折成领带型。

第二步:以较长的a端绕过较短的b端,穿过丝巾内侧向上拉出。

第三步:穿过结眼向下拉出,并调整成领带型。

第四步:完成。

领带结如图2-11所示。

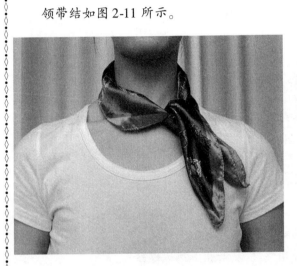

图2-10 巴黎结系法示意图

图2-11 领带结系法示意图

3. 西班牙结

第一步:将丝巾对折再对折成三角形。

第二步:三角形垂悬面在前方。

第三步:两端绕至颈后打结固定。

第四步:调整正面折纹层次,西班牙结完成。

西班牙结如图2-12所示。

4. 海芋结

第一步:将丝巾重复对折,稍微扭转后绕在颈上。

第二步:重复打两个平结,并让两端保持等长。

第三步:将两端分别置于胸前及肩后。

第四步:完成。

海芋结如图2-13所示。

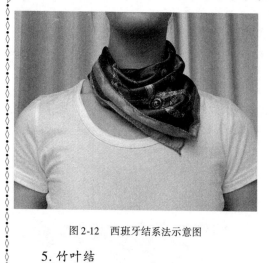

图 2-12　西班牙结系法示意图

图 2-13　海芋结系法示意图

5. 竹叶结

第一步：将丝巾重复对折成领带型。

第二步：将丝巾绕在脖子上，以较长的 a 端绕过 b 端穿过颈部内侧，再由结眼拉出。

第三步：将 a 端拉出后，拉紧固定，调整尾端与结的位置。

第四步：完成。

竹叶结如图 2-14 所示。

6. 凤蝶结

第一步：折出斜角口长带后，将 a 端拉长套在颈上，打个结。

第二步：将长的 a 端打个圈，短的 b 端绕过圈，打出单边蝴蝶结。

第三步：将单边蝴蝶拉好，结眼移到侧边，调整形状。

第四步：完成。

凤蝶结如图 2-15 所示。

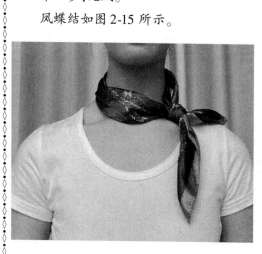

图 2-14　竹叶结系法示意图

图 2-15　凤蝶结系法示意图

单元2 城市轨道交通服务人员仪容仪表礼仪

1. 任务实施

根据课堂实际,教师可将全班人员分4~6组,每组选出组长1名,记录员1名,其他分工若干,组内对本节知识要点进行相互考核,并记录考核结果。

(1) 根据城市轨道交通岗位要求,进行面容修饰训练,先组内相互检查、指正,再各组之间相互检查、指正。

(2) 根据城市轨道交通岗位要求,进行发型修饰训练,先组内相互检查、指正,再各组之间相互检查、指正。

(3) 根据城市轨道交通岗位要求,进行着装礼仪训练,先组内相互检查、指正,再各组之间相互检查、指正。

2. 任务测评

将任务完成情况填入下表。

序号	评价内容	完成情况	存在问题	改进措施
1	课前知识查阅情况			
2	面部修饰是否符合标准,是否出现禁忌			
3	发型修饰是否符合标准,是否出现禁忌			
4	着装礼仪是否符合标准,是否出现禁忌			
	教师评价			

3. 任务小结(根据任务完成情况填写)

_____
_____
_____
_____

 复习思考

1. 面部清洁的基本要求是什么?
2. 化妆的基本原则有哪些?
3. 城市轨道交通服务人员的面容要求有哪些?
4. 城市轨道交通服务人员发型要求具体有哪些?
5. 城市轨道交通服务人员着装的基本要求是什么?

单元 3　城市轨道交通服务人员仪态礼仪

> **问题导入**
>
> 　　仪是指人的外在表现形式,态是指人的状态。我国古代诗人张衡在《同声歌》中用"素女为我师,仪态盈万方"来赞美女子的美丽多姿。这里的仪态指的是人的容貌、姿态和风度等。作为一名服务人员,仪态美既建立在一个人的内在美,即心灵美的基础上,又准确地将其表现出来。没有心灵美,便难有真正的仪态美;而离开了仪态美,心灵美同样也难以得到展现。那么,服务人员的仪态礼仪有哪些要求呢? 本单元对城市轨道交通服务人员仪态礼仪进行讲解。
>
> ▶**知识目标**
>
> 1. 掌握城市轨道交通服务人员神态的具体要求;
> 2. 掌握城市轨道交通服务人员站姿的具体要求;
> 3. 掌握城市轨道交通服务人员坐姿的具体要求;
> 4. 掌握城市轨道交通服务人员行姿的具体要求;
> 5. 掌握城市轨道交通服务人员蹲姿的具体要求。
>
> ▶**技能目标**
>
> 1. 学会工作中的眼神、微笑礼仪;
> 2. 学会工作中不同场合的站姿;
> 3. 学会工作中不同场合坐姿;
> 4. 学会行姿的标准以及禁忌;
> 5. 学会不同情形下的蹲姿。
>
> ▶**素质目标**
>
> 1. 培养学生良好的服务意识和服务心理;
> 2. 塑造良好的职业形象;
> 3. 陶冶学生的职业情操;

单元3 城市轨道交通服务人员仪态礼仪

4. 帮助学生了解相关岗位人员的仪态礼仪。

▶建议学时

10 课时

3.1 表情礼仪

表情指的是人的面部表情,它能迅速、灵敏、充分地反映出人类的各种感情,如喜爱、高兴、悲哀、快乐、怨恨、惧怕、愤怒、失望、怀疑、忧虑……人们还可以从面部表情的微妙变化中看到又爱又恨的心理,既紧张又高兴的情绪……难怪法国名作家罗曼·罗兰曾说:"面部表情是多少世纪培养成功的语言,是比嘴里讲得更复杂到千百倍的语言。"

3.1.1 面部表情一般要求

(1)要有灵敏感。即要迅速、敏捷地反映内心的情感。一般来说,脸上的表情应当和有声语言所表达的情感同时产生,同时结束,过长或过短,稍前或稍后,都不好。

(2)要有鲜明感。讲话者脸上所表达的情感不仅要准确,而且要明朗,即每一微小的变化都能让人觉察到,喜就是喜,愁就是愁,怒就是怒。一定要避免似是而非、模糊不清的表情,做到高兴时应喜笑颜开,忧愁时愁眉苦脸,激动时面红耳赤,愤怒时脸色铁青。

(3)要有真实感。也就是说,你的面部表情一定要使人看出你的内心,感觉到你的真诚。如果让人感到哗众取宠,华而不实,你的面部表情做得再好也是失败的。

(4)要有分寸感。要运用脸面表情传达情感并把握一定的度,做到不温不火,适可而止。过火,显得矫揉造作,而不及,显得平淡无奇。以"笑"为例,说话时可以根据情感变化的缓急,有时可表现为"开怀大笑",有时只是"莞尔一笑",有时可表现为"抿嘴一笑",有时则只需让人们体察到"脸上挂着笑容"。运用之微妙,全在于讲话者自己潜心琢磨、细心体味。

(5)要有艺术感。如演讲人的脸面表情既区别于生活中的脸面表情,又区别于舞台艺术中"脸谱化"的表情。它既不能拘泥于单纯、原始的生活化,这样会缺乏美感、不感人;又不能一味追求纯艺术化,这样会过度夸张、不自然,像做戏,从而失掉演讲的现实性和严肃性。所以,如何把脸部表情和内心世界恰如其分地结合在一起,既有生活的真实,也带有一定的艺术性;既能陶冶情操,又能使人获得美的享受。

3.1.2 表情礼仪的眼神

眼睛是心灵之窗,眼神能准确地表达人们的喜、怒、哀、乐等,城市轨道交通服务人员应学会正确地运用目光为乘客创造轻松、愉快、亲切的环境与气氛,消除陌生感,拉近人与人之间的距离。

1)目光

(1)目光的作用。

俗话说:"眼睛是心灵的窗户。"眼神能倾诉感情,沟通思想,表达自己的喜恶情绪。在人际交往中,目光也可以反映一个人的礼仪修养。例如,周恩来总理在社交场合,与人交往时,总是目视对方,目光炯炯有神,亲切诚恳,总会使人感到一股亲切友好的暖流涌入心间,周总理的目光,充分体现了这位伟人的魅力。

(2)目光的运用。

与人交谈时,目光应亲切注视对方眼睛。若东张西望、心不在焉或继续手上工作、头也不抬,都是缺乏诚意和藐视别人的表现,极为失礼。眼睛注视对方时,应注意保持和悦的眼神,以表示对他人的尊重和关注。但一般不要长时间凝视对方,更不能长时间盯着对方某个部位,可以把目光投向对方额头至上身第二颗纽扣以上和两肩之间的区域,以免长时间直视对方,使别人尴尬和难堪。

2)服务中的眼神

(1)正视乘客的眼部。

接待乘客时,无论是问话答话、递收物品、收找钱款,都必须以热情柔和的目光正视乘客的眼部,向其行注目礼,使之感到亲切温暖。

(2)视线要与乘客保持相应的高度。

在目光运用中,平视的视线更能引起人的好感,显得礼貌和诚恳,应避免俯视、斜视。俯视会使对方感到傲慢不恭,斜视易被误解为轻佻。如站着的服务人员和坐着的乘客说话,应稍微弯下身子,以求拉平视线;侧面有人问话,应先侧过脸去正视来客再答话。

(3)运用目光向乘客致意。

距离较远或人声嘈杂,言辞不易传达时,服务人员应用亲切的目光致意。

(4)接触时间要适当。

据心理学家研究表明,人们视线相互接触的时间,通常占交谈时间的30%~60%。时长超过60%,表示彼此对对方的兴趣大于交谈的内容,特殊情况下,表示对尊者或长者的尊敬;时长低于30%,表示对对方本人或交谈的话题没什么兴趣,有时也是疲倦、乏力的表现。目光接触时,一般连续注视对方的时间最好在3s以内。在许多文化背景中,长时间的凝视、直视、侧面斜视或上下打量对方,都是失礼的行为。

(5)接触方向要合适。

接触方向可以分为视线接触三区。上三角区(眼角至额头),处于仰视角度,常用于下级对上级的场合,表示敬畏、尊敬、期待和服从等。中三角区(眼角以下面部),处于平视、正视的角度,表示理性、坦诚、平等、自信等。下三角区(前胸),属于隐私区、亲密区,不能乱盯。

3.1.3 表情礼仪的微笑

微笑是人类最美好的形象。因为人类的笑脸散发着自信、温暖、幸福、宽容、慷慨等情绪,轻轻一笑,可以招呼他人或者委婉拒绝他人;抿嘴而笑给人以不加褒贬、不置可否之感;大笑则令人振奋、欣喜、激动。

1)微笑的种类

(1)温馨的微笑(即1度微笑)。

只动嘴角肌,两侧嘴角向上高于唇心,但不露出牙齿,适用于和陌生乘客打招呼时,如图3-1所示。

微笑服务的要求

(2)会心的微笑(即2度微笑)。

嘴角肌、颧骨肌与其他笑肌同时运动,要有眼神交流和致意的配合,适用于表示肯定、感谢时,如图3-2所示。

(3)灿烂的微笑(即3度微笑)。

嘴角肌、颧骨肌同时运动,露出牙齿,一般以露出6~8颗牙齿为宜,适用于交谈进行中,如图3-3所示。

图3-1 温馨的微笑　　　　图3-2 会心的微笑　　　　图3-3 灿烂的微笑

2)微笑的基本要求

(1)笑眼传神,要口眼结合。

(2)笑与神、情、气质相结合。

(3)笑与语言相结合。

(4)笑与仪表、举止相结合。

3)微笑的训练

虽然微笑是发自内心的,但后天的训练非常重要。有人说我没有不高兴啊,可就是笑不出来。对于一些性格内向、羞涩的人而言,要做到脸上经常挂着微笑确实需要一个训练过程。

(1)场地。

确保教室里有足够的空间可以让全班学生展开分组训练。

(2)用品。

筷子;镜子。

(3)训练要领。

放松面部肌肉,嘴角两端微微向上翘起,让嘴唇略呈弧形,不发出声音,轻轻一笑。常用训练方法如下:

①对镜训练法。

站在镜前,以轻松愉快的心情,调整呼吸自然顺畅。静心3s,开始微笑,双唇轻闭,使嘴角微微翘起,面部肌肉舒展开来;同时注意眼神的配合,使之达到眉目舒展的微笑面容。如此反复多次。

②含箸法。

选用一根洁净、光滑的圆柱形筷子(不宜用一次性的简易木筷子,以防嘴部受伤),横放在嘴中,用牙轻轻咬住(含住),以观察微笑状态。

③记忆法。

从记忆中唤醒让你感到愉快、喜悦的情境,通过这种情绪释放最佳、最自然、发自内心的微笑状态。

④数牙齿。

数一数自己笑得最美时露出了几颗牙。含蓄的笑几乎不露出牙齿,矜持的笑露出两颗门牙,优雅的笑露出四五颗牙齿,热情的笑露出六颗以上牙齿。

⑤对口型。

发"一""茄子""呵""哈"等词,练习嘴角肌运动。

⑥情境模拟。

模拟面试现场,示范目视、微笑礼仪。

4)微笑禁忌

(1)缺乏诚意,强装笑脸。

(2)露出笑容随即收起。

(3)把微笑只留给上级、朋友等少数人。

(4)仅为情绪左右而美。

3.2 站姿礼仪

站姿又称站相、立姿,是优美姿态的基础。良好的站姿有挺、直、高的感觉,像松树一样舒展、挺拔、俊秀。竖看有直立感;横看有开阔感,即肢体及身段给人以舒展的感觉;侧看有垂直感。服务人员基本站姿要求是:男性要体现出刚健、潇洒、英武、强壮的风采;女性要体现出柔美、轻盈、典雅的优美感。动作要领为"头正、肩平、胸挺、臂垂、腿并"。

(1) 头正：两眼平视前方，嘴微闭，收颌梗颈，表情自然，稍带微笑。

(2) 肩平：两肩平正，微微放松，稍向后下沉。

(3) 臂垂：两肩平整，两臂自然下垂，中指对准裤缝。

(4) 躯挺：胸部挺起、腹部往里收，腰部正直，臀部向内向上收紧。

(5) 腿并：两腿直立、贴紧，肌肉略有收缩感，脚跟靠拢，两脚尖向前。

站姿基本要求及禁忌

在具体要求上，男女的站姿略有不同。男士站立时，应将身体的重心放在两只脚上，头要正，颈要直，抬头平视，挺胸收腹不斜肩，两臂自然下垂，从头到脚呈一条直线。两脚可微微分开，但最多与肩同宽。站累时可向后挪半步，但上体仍需保持正直。这种站姿从外观上看有如挺拔的青松，显得刚毅端庄，精神饱满。女士要想使自己具有优雅迷人的站姿，关键要让自己的双脚、双膝、双手、胸部和下颌五个部位都处于最佳的位置。双脚的脚跟应靠拢在一起，两只脚尖应相距 10cm 左右，其张角为 45°，呈 V 状。两脚一前一后，前一只脚的脚跟轻轻地靠近后一只脚的脚弓，将重心集中于后一只脚上，切勿两脚分开，甚至呈平行状，也不要将重心均匀地分配在两腿上。无论处于哪一种场合，双膝都应当有意识地靠拢。这样的话，方能确保双腿自上而下地全方位并拢，并使髋部自然上提，避免双腿的"分裂"，臀部撅起等不雅观的姿势。

3.2.1 站姿手位

(1) 标准式。两臂自然下垂，五指合拢，中指对准裤缝，如图3-4所示。

(2) 前腹式。五指合拢，双手交叠握于小腹前。男士抓手腕，女士两手交叠，虎口相扣，如图3-5所示。

图3-4　标准式站姿手位　　图3-5　前腹式站姿手位

(3) 背手式。将前腹式手势叠放于体后，如图3-6所示。

(4) 背垂手。一手放于体侧，一手背于体后。男士可握空心拳背手，女士则五指合拢背于体后，如图3-7所示。

图 3-6　背手式站姿手位　　　图 3-7　背垂手站姿手位

3.2.2 站姿脚位

(1) V 字步。脚跟并拢,双脚脚尖呈"V"字形,两脚尖呈 45°~60°,如图 3-8 所示。

(2) 丁字步。双脚呈"丁"字形站立,分左丁、右丁字步,如图 3-9 所示。

(3) 平行步。男士站立时,双脚可并拢,也可叉开。叉开时,双脚与肩同宽,通常男士采用平行步脚位时,手部可采用前腹式或背手手势,如图 3-10 所示。

图 3-8　V 字步站姿脚位　　　图 3-9　丁字步站姿脚位　　　图 3-10　平行步站姿脚位

3.2.3 服务中的站姿

在工作岗位上,当接待乘客或者为其提供具体的服务时,城市轨道交通服务人员在保持基本站姿的基础上,可根据本人的实际情况或工作需要,适当地变化站立的具体姿势。

1) 为乘客服务的站姿

在工作岗位上接待乘客,当身前没有障碍之物挡身、受到他人的注视、与他人进行短时间交谈或倾听他人的诉说时,城市轨道交通服务人员可采用以下站立姿势。

(1)头部可以微微侧向自己的服务对象,但一定要保持面部微笑。

(2)手臂可以持物,也可以自然下垂。在手臂垂放时,从肩部至中指应当呈现出一条自然的垂线。

(3)小腹不宜凸出,臀部同时应当紧缩。最关键的是:双脚一前一后站成"丁字步",即一只脚的后跟紧靠在另一只脚的内侧;双膝在靠拢的同时,两腿的膝部前后略微重叠。

2)城市轨道交通列车上的站姿

城市轨道交通列车上的工作人员为乘客服务时,往往有必要采用一种特殊的站姿。它的基本要求是:既要安稳、安全,又要兼顾礼貌与美感。当列车正在运行时,达到这一要求是有一定难度的。

(1)双脚之间可以适当地张开一定距离,重心放在脚后跟与脚趾中间。不到万不得已,叉开的双脚不宜宽于肩部。

(2)双腿应尽量伸直,膝部不宜弯曲,而是应当有意识地稍向后挺。

(3)身子要挺直,臀部略微用力,小腹内收,不要驼背弯腰。

(4)双手可以轻轻地相握腹前,或者以一只手扶着扶手但不要摆来摆去。

(5)头部以直为佳,最好目视前方。

城市轨道交通服务人员采用此种站姿在地铁上站立时,应尽可能地与乘客保持一定距离,以免误踩、误撞到对方。

3)交谈时站姿

与乘客谈话时,应注意保持恰当的距离,大约相距60cm,过近或过远都会显得失礼。为坐着的乘客服务时,应在乘客的身边弯腰站立,面带笑容。身体直挺站立,会显得傲慢无礼。在服务过程中,应当尽量面向乘客站立,以免产生忽略乘客的印象。乘客问事要站稳回答,不要边走边答;不要边做事情边回答问题;乘客到办公场所,要主动让座,如没有座位时,必须站起来接待应答,不要待答不理;清扫卫生时,要先与乘客打招呼,注意用具的拿放,不要从乘客头上、身上通过或触及乘客用品;挪动乘客用品时,要先征得乘客同意,轻拿轻放;对熟睡的乘客要轻轻唤醒,不准有粗暴不礼貌行为;交给乘客钱款物品时,要轻轻递给不要扔摔;处理违章时,要实事求是,不准对乘客搜身或扣押乘客物品;维护秩序时要说服动员,不要推搡乘客。

3.2.4 站姿禁忌

服务人员在站立时,要注意避免以下情况的发生:

(1)站立时,切忌东倒西歪,无精打采,懒散地倚靠在墙上、桌子上。

(2)不要低着头、歪着脖子、含胸、端肩、驼背。

(3)不要将身体的重心明显地移到一侧,只用一条腿支撑着身体。

(4)身体不要下意识地做小动作。

(5)在正式场合,不要将手叉在裤袋里面,切忌双手交叉抱在胸前,或是双手叉腰。

(6)男子双脚左右开立时,注意两脚之间的距离不可过大,不要挺腹翘臀。

(7)不要两腿交叉站立。

3.2.5 站姿训练

实训环境:形体室。

用品:书两本。

要求:以站务岗为例,训练站姿。男生要求按规范穿着衬衫、西裤、皮鞋,女生要求按规范穿着衬衫、西裙、工作皮鞋练习。每次训练时间为20~30min。训练前可准备舒缓的音乐,以减轻疲劳感。

练习一:双手扶把杆,双脚夹紧,双脚立踵上提。为增加夹紧的程度,两膝间可夹一本书,保持所夹书不掉落,书的厚度可逐渐减薄,停留10s。重复练习10次为1组,共练5组。

这组练习能让练习者体会正确站立时腿部收紧的感觉,形成良好的腿部用力方式。对纠正"O"形腿的错误动作具有明显的效果。

练习二:让练习者按正确的站立姿态站立,头上顶一本书。双膝关节间夹一本薄厚适中的书,停留5~10min。

通过此练习能让练习者充分体会正确身体姿态的感觉,锻炼身体的平衡与控制能力,从而练成优雅的站姿。

3.3 坐姿礼仪

城市轨道交通服务人员的坐姿强调的是大方、端庄。坐姿礼仪讲究的是不同场合适用不同的坐姿,从容并且能够营造优雅、融洽的气氛,使乘客产生受尊重的感觉。

3.3.1 标准的坐姿

标准的坐姿是:

(1)就座时,从座位左侧,右脚后撤半部,感知椅子的位置,缓慢、文雅、轻松而自然地入座。

(2)入座后上体自然挺直,挺胸,双膝自然并拢,双腿自然弯曲,双肩平整放松,双臂自然弯曲,双手自然放在双腿上或椅子、沙发扶手上,掌心向下。

(3)头正、嘴角微闭,下颌微收,双目平视,面容平和自然。

(4)坐在椅子上,应坐满椅子的2/3,脊背轻靠椅背。

(5)出于礼貌需要与乘客一起入座时,应该请乘客先入座,切勿自己抢先入座,女服务人员穿着裙子时,腿部并拢直放或斜放;男服务人员就座,双脚可

坐姿基本要求
及禁忌

张开放置,与肩同宽。对服务人员坐姿的要求是端正、庄重、娴雅自如。

(6)离座时,应先以语言或动作向周围的人示意,收腹提气,靠腿部支撑站起,全身站稳后再迈步。

3.3.2 女士坐姿

(1)标准式。从椅子左侧走到座位前,背向椅子,右脚向后撤半步,让腿贴到椅子边缘;两膝并拢,上体稍稍前倾向下落座。如果穿的是裙装,在落座时要用双手从臀部上往下把裙子拢一下,以防止裙子打褶或走光,如图3-11所示。坐下后,上体挺直,两肩平正,两臂自然弯曲,两手交叉叠放在两腿中部,压住裙口靠近小腹。两膝并拢,小腿垂直于地面,两脚并拢。

(2)屈直式。左脚前伸,右小腿屈回,膝盖靠紧,两脚前脚掌着地,并在一条直线上,如图3-12所示。

a)   b)

图3-11 女士标准式坐姿　　　　图3-12 女士屈直式坐姿

(3)侧点式(以右侧式为例)。两小腿向一侧斜出,两膝并拢,右脚跟靠拢左脚内侧,右脚掌和左脚尖着地,头和上体微向左倾斜。注意大小腿成90°角,平行斜放于一侧,双手虎口相交,轻握放在大腿中部压住裙口,如图3-13所示。

(4)侧挂式(以左侧挂为例)。在侧点式的基础上,左小腿后屈,脚绷直,脚掌内侧着地,右脚提起,用脚面贴往左脚踝,膝和小腿并拢,上体转正,如图3-14所示。

(5)重叠式。重叠式坐姿是最能体现女性完美曲线的一种坐姿,尤其是坐在矮沙发上更是十分漂亮。一般情况下女性不跷二郎腿,但坐的时间较长并且在非正式场合可以采用此坐姿。方法是先在标准坐姿的基础上,两腿向前,将一条腿轻轻提起,轻柔地将腿窝落在一条腿的上边。当穿裙装时,动作要有所变化。先压下一条腿,用手压住裙口后将另一条腿轻轻放在压下的腿上,不要抬腿,以免走光。重叠式坐姿要求女士两小腿贴在一起,脚尖向下压,如图 3-15 所示。

图 3-13　女士侧点式(以右侧式为例)坐姿

图 3-14　女士侧挂式(以左侧挂式为例)坐姿

图 3-15　女士重叠式坐姿

3.3.3　男士坐姿

(1)标准式。上身正直上挺,双肩正平,两手放在两腿或扶手上,小腿垂直于地面,两脚自然分开,与肩同宽,大腿和小腿成 90°,如图 3-16 所示。

(2)屈直式。右小腿屈回,全脚着地,左脚前伸,两脚一前一后,自然分开,双手分别放于大腿中部,如图 3-17 所示。

(3)重叠式。在标准式的基础上,将右腿抬起放在左腿上(或将左腿放在右腿上),双手自然放在架起的腿上,双腿(大腿到膝盖部分)尽量重叠,不要留出过大缝隙,也不能将腿架成"4"字,如图 3-18 所示。

图 3-16　男士标准式坐姿

图 3-17　男士屈直式坐姿

图 3-18　男士重叠式坐姿

3.3.4 坐姿禁忌

（1）塌腰，身体不挺直。给人感觉没有力气，没有精神，身体的重心向下，驼背并含胸。

（2）双脚叉开无控制。双腿并拢时腿部肌肉发酸，不自觉地分开。喜欢随心所欲的姿态。

（3）架"4"字形腿。将双腿一上一下交叠一起，交叠后的两腿之间缝隙过大，或者叠放在上的脚踝放在下面腿的膝盖处，没有形成一条直线。

（4）其他注意事项。
①坐时不可前倾后仰，或歪歪扭扭。
②坐下后不可随意挪动椅子。
③不要不停抖动腿、脚。
④不要猛坐猛起。
⑤与人谈话时不要用手支着下巴。
⑥坐沙发时不应太靠里面，不能呈后仰状态。
⑦脚尖不要指向他人。
⑧不要双手撑椅。
⑨不要把脚架在椅子或沙发扶手上，或架在茶几上。

3.3.5 坐姿训练

要求：两人一组，相互对照练习。或是对照镜子练习，自我纠正。

练习一：入座—坐—离座练习。

练习二：坐姿练习。要求入座后，每人头上放一本书，以保证在变换坐姿时上体直立，颈部挺直。双目平视前方，面带微笑。

3.4 行姿礼仪

行姿，即走姿，它是一种动态美，往往可以显示出服务人员的身体状况、精神风貌和性格。行姿是人体所呈现出的一种动态，是站姿的延续，是展现人的动态美的重要形式，是"有目共睹"的肢体语言。

3.4.1 行走的基本要领

行走时，目光平视，头正颈直，挺胸收腹，重心向前，两臂自然下垂前后摆动（30°～40°），手自然弯曲。行走时身体重心略向前倾，重心落在行进于前边的脚掌；走直线，脚跟先着地；

图 3-19 行走的基本姿势

步幅适度,女士一般在 30cm 左右,男士在 40cm 左右;步速平稳,勿忽快忽慢。行走的基本姿势如图 3-19 所示。

(1)头正。
(2)肩平。
(3)躯挺。
(4)步位直。
(5)步幅适度。
(6)步速平稳。

行姿基本要求及禁忌

3.4.2 变向时的行走规范

1)服务中的行姿要求

服务中走路应注意步速,要使乘客感到安定。走路速度过慢,东张西望,会显得懒散,漫不经心,降低工作效率;走路速度过快,风风火火的,会使乘客产生紧张情绪,也会增加工作中差错的发生;多人一起行走时,不要横成一排或勾肩搭背。总的来说,男服务人员行走步伐应该刚健有力,女服务人员行走步伐应该轻盈、柔美。

2)后退步

向他人告辞时,应先向后退两三步,再转身离去。退步时,脚要轻擦地面,不可高抬小腿,后退的步幅要小。转体时要先转身体,头稍候再转。

3)侧身步

当走在前面引导乘客时,应尽量走在乘客的左前方。髋部朝向前行的方向,上身稍向右转体,左肩稍前,右肩稍后,侧身向着乘客,与乘客保持两三步的距离。当走在较窄的路面或楼道中与人相遇时,也要采用侧身步,两肩一前一后,并将胸部转向他人,不可将后背转向他人。

3.4.3 行走的禁忌

(1)步位不正。行走时,步位不正就会出现"内八字"或"外八字"的错误动作。

(2)行走发力顺序错误。走步是否协调主要表现在臂和腿的配合上,行走时肢体发力顺序错误就会导致"脚蹭地走""小学生的摆臂"。

(3)重心不及时前移。行走时前脚跟先着地应迅速地过渡到前脚掌,同时重心应前移至前脚,只有重心移动明确时,行走才轻盈。若行走时重心前移不及时,而落至两脚中间时,就会出现"坐着走"的错误动作。

(4)其他禁忌

①身体乱摇乱摆,晃肩、扭臀。

②行走方向不定,到处张望。

③多人行走时,勾肩搭背,大呼小叫。
④弯腰驼背行走。
⑤扭来扭去的"外八字"步和"内八字"步。
⑥双手反背于背后。
⑦双手插入裤袋。

3.4.4 行姿训练

按照行走的方向,行姿可分为以下三种:
(1)前行式行姿:直立前行。
(2)后退式行姿:与他人告别时,应先后退两三步,再转身离去。
(3)侧身式行姿:引导他人前行或在较窄的地方与他人相遇时,要采用侧身式走姿。
练习要求:两人一组,分别扮演乘客和服务人员,进行以上三种行姿训练。

3.5 蹲姿礼仪

在日常生活中,人们对掉在地上的东西,一般是习惯弯腰或蹲下将其捡起,而作为服务人员对掉在地上的东西,从服务礼仪的角度,也像普通人一样采用一般随意弯腰蹲下捡起的姿势是不合适的。蹲姿是在比较特殊的情况下所采取的一种暂时性的体位。当需要拿取低处物品、拾起落在地面上的物品时,或当为小朋友或坐轮椅的乘客服务时,需要采取降低重心的方式才能完成。如果在使用蹲和屈膝动作来取拾时,弯腰屈背,低头翘臀,则会给人不庄重的感觉。因此,应当注意身体姿态的控制,体现服务人员的文雅与礼貌。

3.5.1 蹲姿的基本要求

1)上体保持直立,下蹲时臀朝下。
2)女士双脚要保持并拢,男士双脚可适度分开。
3)保持肌肉的耐力和控制,以保持身体的轻盈与平衡。
4)下蹲拾物时,应自然、得体、大方,不遮遮掩掩。
5)下蹲时,重心放于后脚上,应使头、胸、膝关节在一个角度上,使蹲姿优美。

蹲姿基本要求及禁忌

3.5.2 四种基本蹲姿

1)高低式蹲姿

下蹲时左脚在前,右脚稍后,两腿靠紧向下蹲。左脚全脚着地,小腿基本垂直于地面,右脚脚跟提起,脚掌着地。右膝低于左膝,左膝内侧靠于左小腿内侧,形成左膝高右膝低的姿势。臀部向下,以右腿支撑身体。男士选用这种蹲姿时往往更为方便,两腿间可有适当距离,如图 3-20 所示。

图 3-20 高低式蹲姿

2)交叉式蹲姿

交叉式蹲姿通常适用于女性,尤其是穿短裙的人员,它的特点是造型优美典雅。其特征是蹲下后腿交叉在一起。这种蹲姿的要求是:下蹲时,右脚在前,左脚在后,右小腿垂直于地面,全脚着地右腿在上,左腿在下,二者交叉重叠;左膝由后下方伸向右侧,左脚跟抬起,并且脚掌着地;两脚前后靠近,合力支撑身体;上身略向前倾,臀部朝下,如图 3-21 所示。

3)半蹲式蹲姿

一般是在行走时临时采用。它的正式程度不及前两种蹲姿,但在需要应急时也采用。基本特征是身体半立半蹲。主要要求是在下蹲时,上身稍许弯下,但不要和下肢构成直角或锐角;臀部务必向下,而不是撅起;双膝略微弯曲,角度一般为钝角;身体的重心应放在一条腿上;两腿之间不要分开过大,如图 3-22 所示。

图 3-21　交叉式蹲姿

4)半跪式蹲姿

半跪式蹲姿又叫作单跪式蹲姿。它也是一种非正式蹲姿,多用在下蹲时间较长,或为了用力方便时,双腿一蹲一跪。主要要求是在下蹲后,改为一腿单膝点地,臀部坐在脚跟上,以脚尖着地;另外一条腿,应当全脚着地,小腿垂直于地面。双膝应同时向外,双腿应尽力靠拢,如图 3-23 所示。

图 3-22　半蹲式蹲姿　　　　　图 3-23　半跪式蹲姿

3.5.3　蹲姿禁忌

(1)下蹲时上半身无控制,姿态比较放松,双肩没有向后展开,腰部没有直立,没有挺胸的动作。

(2) 没有掌握正确的姿态要领,蹲下时膝盖没有并拢,双腿无控制没有夹紧,下半身的姿态松散,造成双脚分开的错误动作。

(3) 在下蹲过程中,先强调低头、弯腰翘臀的动作,致使下蹲时出现重心前移的错误动作。因此,在下蹲的过程中应保持臀部向下的姿态,做到有控制地下移重心。蹲下后,两腿有控制地并合;用力支撑身体,身体直立垂直于地面。

(4) 蹲下来的时候,不要速度过快。当自己在行进中需要下蹲时,要特别注意这一点。

(5) 在下蹲时,应和身边的人保持一定距离。和他人同时下蹲时,更不能忽略双方的距离,以防彼此"迎头相撞"或发生其他误会。

(6) 在大庭广众面前,尤其是身着裙装的女士,一定要避免下身毫无遮掩的情况,特别是要防止大腿叉开。

3.5.4 蹲姿训练

学生分为乘客组和服务组进行练习,各组设计服务情境,练习蹲姿。工作情境有:
(1) 为乘客拣拾掉在地上的车票或物品;
(2) 劝慰小朋友,或帮小朋友系鞋带;
(3) 与乘坐轮椅的乘客说话;
(4) 安抚因身体不适,坐在候车椅的乘客。

实训内容

1. 任务实施

根据课堂实际,教师可将全班人员分 4~6 组,每组选出组长 1 名,记录员 1 名,其他分工若干,组内对本节知识要点进行相互考核,并记录考核结果。

(1) 根据城市轨道交通岗位要求,进行微笑与眼神训练,先组内相互检查、指正,再各组之间相互检查、指正。

(2) 根据城市轨道交通岗位要求,进行站姿训练,先组内相互检查、指正,再各组之间相互检查、指正。

(3) 根据城市轨道交通岗位要求,进行坐姿训练,先组内相互检查、指正,再各组之间相互检查、指正。

(4) 根据城市轨道交通岗位要求,进行行姿训练,先组内相互检查、指正,再各组之间相互检查、指正。

(5) 根据城市轨道交通岗位要求,进行蹲姿训练,先组内相互检查、指正,再各组之间相互检查、指正。

2. 任务测评

将任务完成情况填入下表。

单元3 城市轨道交通服务人员仪态礼仪

序号	评价内容	完成情况	存在问题	改进措施
1	课前知识查阅情况			
2	表情礼仪是否符合标准,是否出现禁忌			
3	站姿礼仪是否符合标准,是否出现禁忌			
4	坐姿礼仪是否符合标准,是否出现禁忌			
5	行姿礼仪是否符合标准,是否出现禁忌			
6	蹲姿礼仪是否符合标准,是否出现禁忌			
	教师评价			

3. 课后小结(根据任务完成情况填写)

_____
_____
_____
_____

 复习思考

1. 接待乘客时的眼神应该是怎么样的?微笑的禁忌有哪些?
2. 站姿的手位、脚位有几种?分别是什么?
3. 标准的坐姿是什么?坐姿的禁忌有哪些?
4. 行姿的基本要领是什么?行姿的禁忌有哪些?
5. 蹲姿的基本要求是什么?蹲姿的禁忌有哪些?

单元 4　城市轨道交通服务人员沟通礼仪

> **问题导入**
>
> 　　我们乘坐地铁时,有时会被服务人员一句温馨的提示而感动很久,但也有因为服务人员不讲究说话的方式与乘客发生了冲突,由此可见,语言沟通是多么的重要,那么,关于城市轨道交通服务人员语言的要求,你知道多少呢?本单元对城市轨道交通服务人员沟通礼仪进行讲解。
>
> ▶ **知识目标**
>
> 1. 掌握城市轨道交通服务人员见面礼仪要求;
>
> 2. 掌握城市轨道交通服务人员电话礼仪要求;
>
> 3. 掌握城市轨道交通服务人员交谈礼仪要求;
>
> 4. 掌握城市轨道交通服务人员引导礼仪要求。
>
> ▶ **技能目标**
>
> 1. 能够根据岗位要求进行见面礼仪;
>
> 2. 能够根据岗位要求进行电话礼仪;
>
> 3. 能够根据岗位要求进行交谈礼仪;
>
> 4. 能够根据岗位要求进行引导礼仪。
>
> ▶ **素质目标**
>
> 1. 通过学习沟通礼仪,培养城市轨道交通服务人员的沟通技巧与能力;
>
> 2. 能够灵活运用所学技巧与方法,正确处理各种人际关系,实现人际高效沟通;
>
> 3. 培养学生良好的服务意识和服务心理。
>
> ▶ **建议学时**
>
> 8 学时

4.1 见面礼仪

语言是人们交流思想、联络情感的重要工具和手段。俗话说:"言为心声,语为人镜。"语言是人心灵的体现,是揭示人们心灵的窗户。城市轨道交通服务人员每天的工作就是和乘客打交道,在与乘客的交往中完成自己的工作任务的。所以,对于城市轨道交通服务人员来说,提高语言的运用能力显得尤为重要。

4.1.1 自我介绍

在交际礼仪中,介绍是一个非常重要的环节,是人际交往中与他人进行沟通、增进了解、建立联系的一种最基本、最常规的方式。通过介绍,可以缩短人们之间的距离,帮助扩大社交的圈子,促使彼此不熟悉的人们更多的沟通和更深入的了解。

1)自我介绍的方式

从某个角度来说,自我介绍是顺利进行社交的一把钥匙。运用得好,可助一臂之力;反之,则可能带来种种不利。因为能否善于推销自我是至关重要的。一般情况下,自我介绍可分为以下几种方式。

见面礼仪

(1)寒暄式。

寒暄式又称为应酬式,适用于某些公共场合和一般性的社交场合。这种自我介绍最为简洁,往往只报姓名一项即可,如"你好,我是李四"。

(2)公务式。

公务式是在工作之中、正式场合的自我介绍,一般包括本人姓名、供职单位及其部门、职务或从事的具体工作。一个训练有素的人自我介绍时应将此四要素一气呵成,如"你好,我叫张强,是某公司销售部的业务经理"。

(3)社交式。

在社会交往中,当希望与交往对象有进一步交流与沟通时,会使用到内容较丰富的自我介绍。它大体应包括介绍者的姓名、工作、籍贯、学历、兴趣及与交往对象的某些熟人的关系。

2)自我介绍应注意的问题

自我介绍作为一种推销自身形象和价值的方法手段,在施行时需要注意以下几个问题。

(1)注意时间。

在某些场合要抓住时机,在适当的时刻进行自我介绍,要趁对方有空闲,而且情绪较好,又有兴趣时,这样就不会打扰对方。自我介绍时应根据实际需要、不同的交往目的来决定介绍的繁简,一般而言要简洁。为了节省时间,进行自我介绍时还可以用名片、介绍信、微信等加以辅助。

(2)注意态度。

进行自我介绍时,态度一定要自然、友善、亲切、随和,应落落大方,彬彬有礼。如果自我介绍模糊不清,含糊其词,自己流露出羞怯自卑的心理,且体态语言使用不当,会使人感觉你不能把握自己,因此也会影响彼此间的进一步沟通。

(3)真实诚恳。

进行自我介绍要实事求是,真实可信,不可自吹自擂,夸大其词。自我评价一般不宜用"很""第一"等表示极端赞颂的词,也不必有意贬低,关键在于把握分寸。

(4)注意顺序。

跟外人打交道时,介绍的标准化顺序,一般是所谓的位低者先行,即地位低的人先做介绍。

自我介绍时根据目的确定自我介绍的方式,自我介绍宜简短(除应聘)。充满自信、落落大方、笑容可掬、态度诚恳、自然、亲切、友好、随和,要敢于正视对方的双眼、胸有成竹、实事求是、富有特色,忌夸夸其谈。

若想提高自我介绍的成功率,还需特别留意介绍时机。一般而言,在下面四种情况下,做自我介绍是比较容易成功的,别人容易记住你。一是目标对象有空之时,你想认识的那个人往往有空的时候,才会对你的自我介绍比较关注;二是没有外人在场时,若目标对象忙着应付外人,可能就记不住你说的话;三是周围环境比较幽静时,在嘈杂的环境做自我介绍,目标对象往往扭头就忘;四是较为正式的场合,如写字楼、会客室等比较正式的场合,自我介绍的氛围比较好,容易令人关注。

4.1.2 介绍他人

介绍他人是指在社交场合,自己作为介绍人为他人做介绍(图4-1)。介绍他人时应注意以下几点。

1)先后有序

在为他人做介绍时,必须遵循尊者优先的原则,即把年轻的介绍给年长的;把职务低的介绍给职务高的。如果介绍对象双方的年龄、职务相当,就要遵从"女士优先"的原则,即把男士介绍给女士;对于同性,可以根据实际情况灵活掌握,如把与你熟悉的介绍给予你不熟悉的。

进行集体介绍的顺序可参照介绍他人的顺序,也可酌情处理。越是正式、大型的交际活动,越要注意介绍的顺序。

(1)"少数服从多数"。当被介绍者双方的地位、身份大致相似时,应先介绍人数较少的一方。

(2)强调地位、身份。若被介绍者双方的地位、身份存在

图4-1 介绍他人

差异,即使尊贵的一方人数较少或只有一人,也应将其放在最后加以介绍。

(3)单向介绍。在演讲、报告、比赛、会议、会见时,往往只需要将主角介绍给广大参加者。

(4)人数较多一方的介绍。若一方人数较多,可采取笼统的方式进行介绍,如"这是我的家人""这是我的同学"。

(5)人数较多各方的介绍。若被介绍的不止两方,需要对被介绍的各方进行位次排列,排列的方法有以其负责人身份为准、以其单位规模为准、以单位名称的英文字母顺序为准、以抵达时间的先后顺序为准、以座次顺序为准、以被介绍者的距离远近为准。

2)时机适宜

遇到下列情况时,要进行介绍:

(1)与家人外出,路遇家人不相识的自己的同事或朋友。

(2)本人的接待对象遇见了其不相识的人士,而对方又跟自己打了招呼。

(3)在家中或办公地点,接待彼此不相识的乘客或来访者。

(4)打算推介某人加入某一方面的交际圈。

(5)收到为他人做介绍的邀请。

(6)陪同上司、长者、来宾时,遇见了其不相识者,而对方又跟自己打了招呼。

(7)陪同亲友前去拜访不相识者。

3)分寸恰当

为别人介绍之前,不仅要征求一下被介绍双方的意见,在开始介绍时还要再打一下招呼,不要上去开口即讲,让被介绍者措手不及。介绍时,应注意实事求是、掌握分寸、切忌刻意吹捧,使交往双方处于尴尬境地。如果同时介绍几个人与对方相识,通常应一视同仁,不偏重任何一方,但对其中身份高者或年长者可以做适度的重点介绍。

4)姿态文雅

为他人介绍时,手势动作要文雅。手心朝上,五指并拢,自然伸直,指向被介绍一方,眼神也要随着手势指向被介绍对象。伸出食指指指点点,手眼不协调,心不在焉都是不礼貌的。

4.1.3 他人介绍

社交场合互不相识的人,介绍常常是通过第三者进行的。每个人都有可能充当被介绍者或者为他人介绍的角色。为他人做介绍应遵循以下基本礼仪原则。

(1)在向他人介绍时,首先了解对方是否有结识的愿望。最好不要向一位有身份的人介绍他不愿认识的人。

(2)在不同的场合应是不同的人当介绍人。例如,家里来了客人,社交的场合,宴会、舞会、家庭聚会,介绍人一般是女主人。在一般性公务活动中,则由办公室主任、领导的秘书、前台接待、礼仪小姐、公关人员等专业人士充当介绍人。还有一种特殊情况,是由本单位地位、身份最高者来充当介绍人的。

(3)注意介绍次序。按国际惯例,应该先把年轻者、身份地位低者介绍给年长者、身份地位高者;先把年轻的职务相当的男士介绍给女士;先把年龄小、未婚者介绍给已婚者。

4.1.4　城市轨道交通服务人员见面礼仪

城市轨道交通服务人员为乘客服务时应使用普通话,讲究语言礼仪,做到口清、语言简练、自然大方、声音和语调平稳、谈吐文雅。

城市轨道交通服务人员在实际工作中,要遵循以下礼仪要求。

(1)对乘客要做到勤为主、话当先。服务中要有"五声",即乘客进门或上车有问候声、遇到乘客有招呼声、得到协助有致谢声、麻烦乘客有致歉声、乘客下车有道别声。杜绝使用"四语",即不尊重乘客的蔑视训斥语、缺乏耐心的烦躁语、自以为是的否定语和刁难乘客的斗气语。

(2)遇到乘客要面带微笑,主动向乘客问好、打招呼。对乘客称呼要得当,以尊称表示尊重,以简单亲切的问候及关心的话语表示热情。知道职务、职称的称呼,如"××主任""××局长""××教授";不知道职务、职称的,可称呼"先生""女士""小姐"等。切忌用"喂"来招呼乘客。即使乘客离自己距离较远,也不能高声呼喊。

(3)接待乘客时,要用礼貌的语言向乘客表示问候和关心。应当"请"字当头,"谢"字不离口,表现出对乘客的尊重。

(4)乘客到来时应热情问候:"您好,欢迎您乘坐本次地铁出行!"服务过程中可以询问:"还有什么可以帮您?"乘客离去时可以说:"再见,请走好!"一天中不同时刻可分别用"早上好""中午好""晚上好"来问候乘客。

(5)与乘客对话时宜保持1m左右的距离,讲话时应态度和蔼,语言亲切、自然,表达得体准确,音量适中,以对方听得清楚为宜,答话要迅速、明确。

(6)应用心倾听乘客所讲的话,眼睛要望着乘客脸部,在乘客把话说完前,不要随意打断乘客,也不要有任何心不在焉、不耐烦的表情。对于没听清楚的地方要礼貌地请乘客重复一遍。

(7)应妥善答复乘客的询问。乘客的投诉要耐心倾听并巧妙处理,千万不要和乘客争辩。对于乘客的无理要求,要能沉住气,耐心解释,婉言谢绝。当乘客表示感谢时,应微笑、谦逊地回答:"不用谢,您太客气了!"在行走过程中遇有乘客问话时,应停下脚步,认真回答。

(8)要注意选择礼貌用语,恰当地使用礼貌用语。

(9)合理运用基本礼貌用语。

①称呼语:"先生""小姐""夫人""女士""同志""老大爷""老大娘""小朋友""那位先生""那位女士""那位同志"等。

②欢迎语:"欢迎光临""欢迎您乘坐本次地铁""祝您乘车愉快"等。
③问候语:"您好""早上好""中午好""晚上好""晚安""见到您很高兴"等。
④祝贺语:"祝您节日快乐""祝您生日快乐""祝您生意兴隆"等。
⑤告别语:"再见""祝您一路顺风""欢迎您再次乘坐本次列车"等。

4.2 电话礼仪

随着电话的普及率越来越高,打电话已经成为重要的交流沟通工具。打电话看起来很容易,对着话筒同对方交谈,觉得和当面交谈一样简单,其实不然,打电话大有讲究。在日常工作中,使用电话的语言很关键,它直接影响着一个公司的声誉;在日常生活中,人们通过电话也能粗略判断对方的人品、性格。因而,掌握正确的、礼貌的打电话礼仪是非常必要的。

4.2.1 电话基本礼仪

接听电话的人虽然处于被动的位置,可是,也不能在礼仪规范上有所松懈。因为无法确认拨打电话人的身份,所以在接听电话时,要注意有礼貌和得体,不能随随便便敷衍了事。当本人接听电话时,应注意及时接听并谦和应对,无论对方地位尊卑,都要待人以礼。电话礼仪基本要求如下。

电话礼仪

1)接听电话前

(1)准备记录工具,如果大家没有准备好记录工具,那么当对方需要留言时,就不得不要求对方稍等一下,让乘客等待,这是很不礼貌的。所以,在接听电话前,要准备好记录工具,例如笔和纸、手机、计算机等。

(2)停止一切不必要的动作,不要让对方感觉到你在处理一些与电话无关的事情,对方会感到你在分心,这也是不礼貌的表现。

(3)使用正确的姿势拿好电话,如果你姿势不正确,不小心电话从手中滑落,或掉在地上,发出刺耳的声音,也会令对方感到不满意。

(4)带着微笑迅速接起电话,让对方也能在电话中感受到你的热情。

2)问候礼仪

在接电话时,首先要问候,然后自报家门,向对方说明自己是谁。向发话人问好,也是向发话人表示打来的电话有人接听的意思。自报家门是为了确认自己是否是对方真正要通话的对象。

(1)以问候语加上单位、部门的名称以及个人姓名。这样最为正式。

(2)以问候语加上单位、部门的名称,或是问候语加上部门名称。这样适用于一般场合。

(3)以问候语直接加上本人姓名。这样仅适用于普通的人际交往。需要注意的是,不允许接电话时以"喂喂"或"你找谁呀"作为"见面礼"。特别是不允许一张嘴就毫不客气地查一查对方的"户口",一个劲儿地问人家"你找谁""你是谁"或者"有什么事儿呀",这样一来,别人在厌恶之余就会很难接受你。

3)分清主次

(1)电话铃声一旦响起,接电话就成为最紧急的事情,其他事情都能够先放一边。接听电话时,不要再与旁人交谈或者看文件、吃东西、看电视、听广播等。即使是电话铃声响起的时候你忙着别的事,在接听电话时也不要直接向打电话来的人说电话来得不是时候。

(2)有时候确实有无法分身的情景,不宜与来电话的人深谈,此时能够向来电话的人简单说明原因,表示歉意,并主动约一个具体的双方都方便的时间,由自己主动打电话过去。一般来说,在这种情景下,不应让对方再打过来一次,而应由自己主动打电话过去。约好了下次通话的时间,就要遵守约定,按时打过去,并向对方再次表示歉意。

(3)如果在接听电话的时候,适逢另一个电话打了进来,切记不要中断通话,而要向来电话的人说明原因,要他不要挂断电话,稍等片刻。去接另一个电话的时候,接通之后也要请对方稍候片刻或者请他过一会儿再打进来,或者自己过一会儿再打过去。等对方理解之后,再继续刚才正在接听的电话。

4)接听电话

(1)电话铃声响起,要立即停下自己手头的事,尽快接听。不要等铃声响过很久之后,才姗姗来迟。一个人是否能及时接听电话,也可从一个侧面反映出他的待人接物的诚恳程度。

(2)三声之内接起电话,这是服务业接听电话的硬性要求。一般来说,在电话铃声响过三遍左右,拿起话筒比较适宜。"响铃不过三"是一个原则,也是一种体谅拨打电话的人的态度,并且铃声响起很久不接电话,拨打电话的人也许会以为没有人接而挂断电话。如果接电话不及时,要道歉,向对方说"抱歉,让您久等了"。

(3)注意接听电话的语调,让对方感觉到你是非常乐意帮助他的,在你的声音中能听出你是在微笑。

(4)注意语速。

(5)注意接听电话的措辞,绝对不能用任何不礼貌的语言方式来使对方感到不受欢迎。

(6)便于随时记录有用信息。

(7)注意双方接听电话的环境。

(8)注意当电话线路发生故障时,必须向对方确认原因。

(9)注意打电话双方的态度。

(10)当听到对方的谈话很长时,也必须有所反映,如使用"是的、好的"等来表示你在听。

(11)主动问候,报部门介绍自己。

(12)如果想知道对方是谁,不要唐突地问"你是谁",可以说"请问您哪位"或者可以礼貌地问,"对不起,可以知道应如何称呼您吗?"

(13)须搁置电话时或让乘客等待时,应给予说明,并致歉。每过20s留意一下对方,向对方了解是否愿意等下去。

(14)转接电话要迅速,每一位服务人员都必须学会自行解决电话问题,如果自己解决不了再转接正确的分机上,并要让对方知道电话是转给谁的。

(15)对方需要帮助,大家要尽力而为。作为服务人员应尽力去帮助乘客,对于每一个电话都能做到以下事情:①问候;②道歉;③留言;④转告;⑤马上帮忙;⑥转接电话;⑦直接回答(解决问题);⑧回电话。

(16)感谢对方来电,并礼貌地结束电话。在电话结束时,应用积极的态度,同时要使用对方的名字来感谢对方。

(17)要经常称呼对方的名字,这样表示对对方尊重。

(18)当手机出现未接电话时要及时回复短信或者电话,询问是否有要事等。

(19)若非有要紧事,22时后尽可能不要给任何人打电话,以免打扰别人休息。

5)时间选择

(1)不宜在中午休息或一日三餐的常规时间打电话,以免影响别人休息或用餐。

(2)给单位拨打电话时,应避开刚上班或快下班的时间。

(3)打公务电话,不要占用他人的私人时间,尤其是节假日时间。

(4)打电话前要搞清地区时差、各国工作时间和生活习惯差异。不要在休息日打电话谈生意,以免影响他人休息。即使客户已将家中的电话号码告诉你,也尽量不要在休息时间往家中打电话。

(5)非公务电话应避免在对方的通话高峰和业务繁忙的时间段内拨打。

6)接听姿态

接听电话时应注意姿态端正、面带微笑,嘴和话筒保持4cm左右的距离。不能把话筒夹在脖下或趴在桌子上,也不要趴着、仰着、坐在桌角上,更不要把双腿高架在桌子上。

7)掌握通话时间

打电话前拟好要点,再拨打电话,既能够使自我表达流畅、应对自如,也能够节俭通话时间,不要"煲电话粥",通常一次通话不应长于3min,即所谓的"3min原则"。

8)留言要素

(1)致:即给谁的留言。

(2)发自:谁想要留言。

(3)日期:最好也包括具体时间。

(4)记录者签名:有助于寻找线索,或弄清不明白的地方。

(5)内容:简单技巧。

(6)如果接到的电话是找你的上级时,不要直接回答在还是不在,要询问清楚对方的姓名和大概意图,然后说帮您找一下。将所了解的情况告诉你的上级,由他判断是否接电话。

(7)打电话时,列出要点,避免浪费时间。

(8)如果你找的人不在,可以问一下对方什么时间可以再打电话或请其回电话,同时,要将自己的电话号码和回电时间告诉对方。

(9)在给其他部门打电话时,要先报部门和姓名,这样可以避免对方因为询问你的情况而浪费时间。

9)通话结束

通常打电话的一方应先结束话题。结束时要说些"打扰您了""拜托您了""多谢""再见"等礼貌用语终止通话,轻放好话筒。不要用力一摔,这样会引起对方的不快,同时也是失礼的表现。

10)禁忌用语

在接听电话时,要聚精会神,认真领会对方的话,而不要心不在焉,甚至把话筒搁在一旁,任凭对方"自言自语"而不顾。

在接电话时,切忌使用"说!""讲!"。说讲是一种命令式的方式,既难让人接受,又不礼貌。有的人在接听电话时,一接起电话马上说:"说"或"讲",或者多加一两个字"听到,说!"

这种行为在公司、企业内部也许还可以理解,由于某种原因工作繁忙,时间紧张,没有太多的时间应对电话,希望对方直截了当,别浪费时间。但这种硬邦邦的电话接听方式显得过于粗鲁无礼,有一种盛气凌人的气势,好像是摆架子。给人的感觉是"有什么话快说,老子没空和你在电话里啰嗦!"

有的人对这样的电话应答方式也懒得再"说",干脆一声不吭将电话挂了。本来还想联系一些业务或者提供一些信息,一听他这口气就不舒服,说了等于白说,这种人懒得理他。

大家每个人都希望别人以礼相待,有谁愿意同不懂得礼貌的人打交道呢?所以,在接听电话时,一定要注意应有的礼貌。

4.2.2 电话礼貌用语

(1)您好!这里是×××公司×××处(室),请问您找谁?

(2)我就是,请问您是哪一位?……请讲。

(3)请问您有什么事?(有什么能帮您?)

(4)您放心,我会尽力办好这件事。

(5)不用谢,这是我们应该做的。

(6)×××同志不在,我可以替您转告吗?(请您稍后再来电话好吗?)

(7)对不起,这类业务请您向×××部(室)咨询,他们的号码是……。(×××同志不是这个电话号码,他/她的电话号码是……)

(8)您打错号码了,我是×××公司×××处(室),……没关系。

(9)再见!

(10)您好!请问您是×××单位吗?

(11)我是×××公司×××处(室)×××,请问怎样称呼您?

(12)请帮我找×××同志。

(13)对不起,我打错电话了。

(14)对不起,这个问题……,请留下您的联系电话,我们会尽快给您答复好吗?

4.3 交谈礼仪

沟通交流是人类生活中不可或缺的重要组成部分,有效的沟通不仅可以提高沟通的效率,还可以更好地确保信息的准确性。正确有效地进行沟通交流,可以帮助双方达成有效的沟通,达成共识、解决问题、提升效率、促进发展、推动改善。

4.3.1 交谈要求

交谈礼仪

1)交谈基本要求

(1)态度诚恳亲切。

说话时的态度是决定谈话成功与否的重要因素,因为谈话双方在谈话时始终都相互观察对方的表情、神态,反应极为敏感,所以谈话中一定给对方一个认真和蔼、诚恳的感觉。

(2)措辞谦逊文雅。

措辞的谦逊文雅体现在两方面:对他人应多用敬语、敬辞,对自己则应多用谦语、谦辞。谦语和敬语是一个问题的两个方面,前者对内,后者对外,内谦外敬,礼仪自行。

(3)语音、语调平稳柔和。

一般而言,语音语调以柔言谈吐为宜。我们知道语言美是心灵美的语言表现。有善心才有善言。因此,要掌握柔言谈吐,首先应加强个人的思想修养和性格锻炼,同时还要注意在遣词用句、语气语调上的一些特殊要求。例如,应注意使用谦辞和敬语,忌用粗鲁污秽的词语;在句式上,应少用"否定句",多用"肯定句",在用词上,要注意感情色彩,多用褒义词、中性词,少用贬义词;在语气语调上,要亲切柔和,诚恳友善,不要以教训人的口吻谈话或摆出盛气凌人的架势。在交谈中,要眼神交会,带着真诚的微笑,微笑将增加感染力。

(4)谈话要掌握分寸。

在人际交往中,哪些话该说,哪些话不该说,哪些话应怎样去说,才更符合人际交往的目的,这是交谈礼仪应注意的问题。一般来说,善意的、诚恳的、赞许的、礼貌的、谦让的话应该说,且应该多说;恶意的、虚伪的、贬斥的、无礼的、强迫的话语不应该说,因为这样的话语只会造成冲突,破坏关系,伤及感情。有些话虽然出自好意,但措辞用语不当,方式方法不妥,好话也可能引出坏的效果。所以,语言交际必须对说的话进行有效的控制,掌握说话的分寸,才能获得好的效果。

2)谈话的表情

表情大方、自然、面带微笑,语气亲切,语言表达得体。不得边埋头工作边与乘客谈话,不能坐着与站着的乘客谈话。态度诚恳,神情专注,目光坦然、亲切、有神。忌左顾右盼、打哈欠、频频看表、伸懒腰。与领导谈话,不要惊慌失措;接待层次不高的乘客,不要心不在焉。

3)谈话的体态

动作不要过大,更不能手舞足蹈;不要用手指指人;双手不要交叉胸前或背后,也不要手插裤袋或攥紧拳头;不要疯笑,要温文尔雅;与乘客距离不要太近也不要太远;不要目不转睛,也不要左顾右盼,如图4-2所示。

4)交谈注意忌讳

在一般交谈时要坚持"六不问"原则:年龄、婚姻、住址、收入、经历、信仰属于个人隐私的问题,在与人交谈中,不要好奇询问,也不要问及对方的残疾和需要保密的问题。在谈话内容上,一般不要涉及疾病、死亡、灾祸等不愉快的事情;不谈论荒诞离奇、耸人听闻的事情。与人交谈,还要注意亲疏有度,"交浅"不可"言深",这也是一种交际艺术。

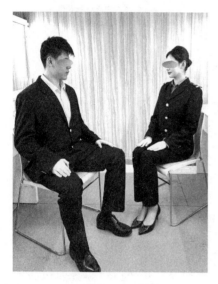

图4-2 谈话的体态

4.3.2 交谈用语

1)一般规范用语

(1)文明敬语。

"请""您""谢谢""对不起""没关系""不客气""再见"等。

(2)常用礼貌用语。

问候:"您好""大家好"。

迎送:"欢迎光临""再见""请走好"。

请托:"麻烦""打扰了""请稍候"。

致谢:"谢谢"。

征询:"您需要帮忙吗""这样可以吗"。

答复:"好的""很高兴为您服务""不要紧"。

赞赏:"这个办法不错""太好"。

道歉:"对不起""请多包涵""失敬了"。

2)城市轨道交通服务人员基本规范用语

(1)乘客尊称。

年长乘客,统称为"老师傅""老先生""老同志"等。

年轻乘客,统称为"女士""先生""乘客"等。

年少乘客,统称为"同学""学生"等。

年幼乘客,统称为"小朋友"等。

(2)查、验车票用语。

需要查验车票时,可以对乘客说:"您好,请出示您的车票。"

对持有效票证的乘客,查验后应说:"谢谢!请收好。"

(3)温馨提示用语。

开、关车门时说:"站在车门处的乘客,请您注意,(我)要开(关)车门了。"向乘客进行车内、外安全提示时说:"车辆拐弯,请您扶好、坐好",或说:"车辆进站,请您注意安全"。向乘客进行防盗提示时说:"各位乘客,请您携带(保管)好随身物品,以免丢失"。

(4)妨碍、打扰乘客时的用语。

妨碍、打扰乘客时说:"抱歉""对不起""请原谅""不好意思""请多包涵"等。

(5)引导用言。

要使用明确而规范的引导用言,多用敬语,如"您好!""请"等,以示尊重。

(6)禁忌话题。

城市轨道交通服务人员在工作中要做到"七不问",即涉及年龄、婚姻、收入、经历、住址、信仰、健康的内容不问。

3)城市轨道交通服务人员规范用语

(1)当乘客询问时说:"您好,请讲。"

(2)检票时说:"请您出示车票。"

(3)检查危险品时说:"对不起,请您将包打开接受检查,谢谢。"

(4)整理队伍时说:"请您按顺序排好队。"

(5)需要乘客配合通行时说:"对不起,劳驾。"

(6)整理行李,打扫卫生时说:"对不起,请您让一下。"

(7)遇到乘客寻求帮助时说:"请问您需要什么帮助?"

(8)失礼时说:"对不起,请原谅。"

(9)纠正乘客违反规章制度时说:"请您配合我们的工作,谢谢!"

(10)受到乘客表扬时说:"请您多提宝贵意见。"

(11)受到乘客批评时说:"对不起!给您造成困扰了。"

(12)售票时说:"请问您买到哪里?"

(13)接到乘客咨询电话时说:"您好,请讲。"

(14)售票窗口拥挤时说:"请大家按顺序排好队,不要拥挤。"

(15)乘客买票排错队时说:"对不起,请到××窗口排队购票。"

(16)误售车票时说:"对不起,请稍等,马上更正。"

(17)乘客之间发生矛盾时说:"请不要争吵,有问题合理解决。"

4.3.3 应答礼节

应答礼节是指服务人员在服务乘客时,回应乘客的召唤及答复乘客询问时的礼节。应答礼节是否规范,直接反映了服务人员的服务态度、服务技巧和服务质量。规范的应答礼节应做好如下几个方面。

1) 注重仪态,站立应答

为表示对乘客的尊重,服务人员在应答乘客询问时应采取站立的姿势,和乘客的距离要适中,最好保持一步半的距离,停下手中的工作,集中精神,双目正视对方。必要时,还可以借助表情和手势来沟通和加深理解。切忌东张西望,心不在焉,或者是看表、伸懒腰、打哈欠等。

2) 尊重乘客,认真聆听

认真聆听,是对说话者的一种尊重。和乘客谈话,要让乘客把话讲完,不要随便插话,更不要急于表达自己的意愿而打断别人的讲话。聆听时,应该表情专注,也可以讲一些附和的词语或点头示意,如"嗯""哦"等,以鼓励讲话者。如果实在需要插话,应该先用商量、请求的口吻说明,如"对不起,打断一下"等。当乘客之间谈话时,服务人员不要凑在旁边听,应留给乘客一个交谈的空间。

3) 尽量采用肯定的应答用语

在对乘客服务时,回答乘客的询问,不要轻易说"不行""我不知道"等否定语,应尽量给对方肯定的回答。这样,乘客会感到你服务热情,业务熟悉,服务质量好。例如,接受乘客吩咐时说:"好,明白了!""好,马上就来!"不能立即接待乘客时说:"对不起,请您稍候,我马上就来。""请稍等一下"。听不清或没有听懂乘客问话,应该注意会运用恰当的询问语,如"很对不起,我没听清楚,请重复一遍,好吗?"对一时回答不了或回答不清的问题,可先向乘客致歉,待查询后再作答,如"对不起,请您稍等,我帮您查询一下。"当乘客提出过分或无礼要求时,也要委婉应答,如婉转地说"恐怕不行吧""可能不会吧""这件事我需要向领导请示"。

4) 用好谦恭得体的应答用语

乘客对服务人员的服务表示满意而致谢时,服务人员应注意不要在众人面前流露出沾沾自喜的样子,也不要毫无反应,或不知所措,应采取谦恭得体的应答,如"很乐意为您服务!""谢谢您的夸奖!""请不必客气!"

5) 学会运用谅解应答语

乘客因故向服务人员致歉时,服务人员应及时予以接受,并表示谅解,如"没关系""这算不了什么""没什么"。

6) 注意应答禁忌

应答用语应大方得体,体现出对乘客的恭敬,但也不要过分自谦,并且要注意中西方语言文化习惯差异,以免应答不当,令对方不知所措,产生误会。例如,受到赞美时,中国人往往会谦虚一番,如"哪里,哪里!""我做得很不够";而西方人会直接说"谢谢",在他们看来,说声"谢谢"是一种友好的表示,反而对中国人的一番谦虚的话理解不了,产生疑惑。因此,应答用语应注意直接、恰当、避免过分客套。

与乘客谈话时,应注意不要谈到不愉快的内容。如果无意提及对方一些不幸或不愉快的事情,知道后应马上表示道歉。对穿着奇异、举止特殊或有生理缺陷的乘客,不要乱加议论;对女士不要谈论她的胖瘦;也不要随便议论长辈、身份高的人。与外宾交谈时,不要评论人家的内政、宗教信仰,因为在外宾看来,宗教信仰是件严肃的事情,不宜随便对待。

4.4 引导礼仪

服务人员应懂得基本的引导礼仪,带领乘客到达目的地,应该有正确引导方法和引导姿势。

4.4.1 手势礼仪

服务人员在引导乘客时、帮助乘客提拿行李或者搀扶行动不便的乘客时,手部不可避免地会接触乘客,因此,服务人员的手部要保持干净整洁。

1)手势基本要求

(1)保持手部干净、干燥。

(2)时刻保持指甲干净整齐,经常修剪。

(3)女服务人员只可涂肉色或透明色指甲油。

(4)男服务人员如果经常吸烟要及时清理手部烟渍。

(5)佩戴简单样式的手表。

引导礼仪

2)手势的特点

(1)意思明确。

服务人员的手势引导必须与语言相一致,不能让乘客难以理解,甚至误解。

(2)手势要适度。

服务人员使用手势时,必须控制使用的频率和幅度。

(3)简单明了。

服务人员的每一个手势都力求简单、精练、清楚、明了,要做到干净利索、优美动人,不要过于频繁,拖泥带水。

(4)自然大方。

手势的使用要自然大方,不要太过机械,过于僵硬。

3）整体要求。

（1）微笑要领：面含笑意，正视对方，适度、适时，充分表达真诚友善。微笑是内心外在表现，是为用户服务的灵魂，也使人感到亲切、尊重。

（2）表情要领：自然大方、真诚稳重、热情专注、微笑祥和。在与用户交谈中，应注视对方双眉正中位置，注视时间不宜过长。

（3）站姿要领：站立时，头端、肩平、挺胸、收腹、身正、腿直，双臂自然下垂置于身体两侧。

（4）在向乘客引导时的禁忌：斜肩、含胸、挺腹、身体乱抖动、随意扶、倚、靠等，双手抱胸、叉腰。

4）常用服务手势

（1）横摆式手势，如图4-3所示。

通常用作迎接乘客，表示"请进"。

动作要领：五指伸直并拢，手掌自然伸直，手心向斜上方，不要凹陷，手与地面呈90°。

（2）直臂式手势，如图4-4所示。

直臂式手势通常用作为乘客指示方位，表示"请往前走"。

动作要领：五指伸直并拢，屈肘由腹前抬起，手臂的高度与肩同高，肘关节伸直，再向要行进的方向伸出前臂。

图4-3　横摆式手势　　　　　图4-4　直臂式手势

（3）曲臂式手势，如图4-5所示。

曲臂式手势同样用作为乘客指示方位，表示"这边请"或者"里边请"。

动作要领：以右手五指伸直并拢，从身体的侧前方，由下向上抬起。上臂抬至离开身体45°的高度，然后以肘关节为轴，手臂由体侧向体前左侧摆动成曲臂状，身体20cm处停住；掌心向上，手指尖指向左方，头部随乘客由右转向左方，面带微笑，请乘客上车。

（4）斜摆式手势，如图4-6所示。

斜摆式手势通常在请乘客入座时使用，表示"请坐"。

动作要领：一只手屈臂由身前抬起，再以肘关节为轴，前臂由上向下摆动到距身体45°

处,手臂向下形成一斜线。

(5)双臂式手势,如图4-7所示。

双臂式也称双臂横摆式,双臂式手势通常在引导较多乘客时使用,表示"诸位请",动作可以大一些。

动作要领:两臂从身体两侧向前上方抬起,两肘微曲,向两侧摆出。指向前进方向一侧的臂应抬高一些,伸直一些,另一只手稍低一些,曲一些。

图4-5　曲臂式手势

图4-6　斜摆式手势

图4-7　双臂式手势

5)服务手势禁忌

(1)服务乘客时手部出汗。

(2)手部抖动,指甲内有污垢,指甲过长,有夸张美甲。

(3)不卫生的手势:如在他人面前挠头发、掏耳朵、挖鼻孔等。

(4)手表样式夸张。

(5)禁忌失敬于人的手势,如手心向下,对人指指点点,用单指手势。

(6)不稳重的手势,如在大庭广众之下,双手乱动、乱摸、乱举,或咬指甲、折衣角、抓耳挠腮等。

4.4.2　握手礼仪

握手时应注意的几个原则:要注意伸手的先后顺序,要先伸出右手,握手前要脱帽和摘手套。握手时应采取站立姿势,不宜交叉握手。男士与女士握手,时间、握力要适当,身体略向前倾,头略低,有微笑。

1)姿势

身体以标准站姿站立;上体略前倾;右手手臂前伸,肘关节屈;拇指张开,四指并拢。

2）顺序

主人与乘客之间，乘客抵达时主人应先伸手，乘客告辞时由乘客先伸手；年长者与年轻者之间，年长者应先伸手；身份、地位不同者之间，应由身份和地位高者先伸手；女士和男士之间，应由女士先伸手；先到者先伸手。

3）力度

一只手握碎一个鸡蛋的力气。握手的时间为3～5s。男士之间的握手，力度稍大。

4）目光

注视对方的双眼。

5）握手的位置

男士与男士握手（握手掌，虎口相对），如图4-8所示。

男士与女士握手（男士握女士的手指），如图4-9所示。

女士与女士握手（手指相握），如图4-10所示。

图4-8　男士与男士握手　　　　图4-9　男士与女士握手　　　　图4-10　女士与女士握手

6）握手禁忌

（1）男士与女士握手不宜时间过长、力度过大。不可交叉握手。不可跨着门槛握手。如果手脏、手凉或者手上有水、汗时，不宜与人握手，并主动向对方说明。

（2）忌用左手，忌坐着握手，忌戴有手套，忌与异性握手用双手，忌三心二意。

4.4.3　鞠躬礼仪

鞠躬即弯身行礼，是表示对他人敬重的一种郑重礼节。此种礼节一般是下级对上级或同级之间、学生向老师、晚辈向长辈、服务人员向乘客表达由衷的敬意。

1）鞠躬的姿势

正确的鞠躬礼是这样的，自腰以上向下前倾，抬起慢于下弯。脱帽，脸带笑容，保持正确的站立姿势，两腿并拢，脖子不可伸得太长，上半身和头部呈一直线，目视受礼者。男士双手自然下垂,贴放于身体两侧裤线处,女士的双手下垂搭放在腹前。

2)鞠躬的分类

按照上身倾斜角度的不同可以将鞠躬分为以下三种类型:

一度鞠躬:上身倾斜角度约为15°,表示致意,如图4-11所示。

二度鞠躬:上身倾斜角度约为45°,表示向对方敬礼,如图4-12所示。

三度鞠躬:上身倾斜角度约为90°,表示向对方深度敬礼,如图4-13所示。

图4-11　一度鞠躬　　　　图4-12　二度鞠躬　　　　图4-13　三度鞠躬

三种行礼方式适用于不同的情况,在日常工作中常使用一度鞠躬;参加重要活动、接待重要来宾时可以选择使用二度鞠躬;三度鞠躬表示对父母、尊者等的敬意或在重大礼仪中使用。

3)鞠躬注意事项

服务人员在鞠躬时应注意做到:

(1)鞠躬应面带微笑,双脚并拢,脚尖略分开,双手四指并拢,交叉相握,右手叠放在左手之上,自然垂下腹前,身体向前,腰部下弯,头、颈、背自然成一条直线,上身起时,要比向下弯时稍慢;视线随着身体的移动而移动,视线的顺序是:乘客的眼睛—脚—眼睛。

(2)迎送客时和行还礼时,身体鞠躬为30°。

(3)给乘客道歉时,身体鞠躬为45°。

4.4.4　位置引导常识

接待人员应懂得基本的引导礼仪,带领乘客到达目的地,应该有正确的引导方法。下面是常见场所的引导礼仪。

1)门口接待引领

手势:五指并拢,手心向上与胸齐,以肘为轴向外转。

站位:引领者在乘客左前方1m处引领。

2）楼梯的引导礼仪

引导乘客上楼时,应让乘客走在前面,接待工作人员走在后面,若是下楼,应该由接待工作人员走在前面,乘客在后面。上下楼梯时,应注意乘客的安全。

3）途中要注意引导提醒乘客

拐弯或有楼梯台阶的地方应使用手势,并提醒乘客"这边请"或"注意楼梯"等。

4）电梯的引导礼仪

先按电梯让乘客进,若乘客不止一人,先进入电梯,一手按"开",一手按住电梯侧门,"请进";到达目的地后,一手按"开",一手做出"请"的手势,"到了,您先请"。遵循先下后上原则。

4.4.5 使用名片

名片是人际交往中进行自我介绍、结交朋友的常用工具。名片的内容一般包括自己的姓名、单位、职务职称、社会头衔、通信地址及电话号码等,能使对方对自己的情况一目了然、加深印象,省去作冗长自我介绍的麻烦,有助于日后继续交往和进行业务联系。使用名片应注意如下问题。

1）名片制作的基本要求

名片不仅代表了个人的形象,也代表着单位的形象。在名片制作中应重视名片的规格、色彩、文字等基本要求。

名片的常用规格是9cm×5.5cm,也有10cm×6cm和8cm×4cm的。纸质以耐折、耐磨、美观、大方为宜。名片的规格最好不要过于花哨和标新立异。

名片宜选用庄重朴素的色彩,如白色、米色、淡蓝色、淡灰色等,图案过多、色彩过艳反而会失于庄重。

文字的选择要依据自己的交往场合而定。在国内使用的名片,宜用简体汉字;对外宾使用的名片,应该印上英文。另外,选择字体应该以对方能看懂为准,尽量不采用草书、行书、篆书等字体。

2）传递名片

参加社会活动,应事先准备好名片,交换名片可以在与他人握手之后进行。

递送名片时,应挺身站立或走近对方,面带微笑,将名片正面朝向对方,双手递呈,同时说"请多指教""以后多联系"等,以表示诚心诚意。

应当注意,递送名片不要显得漫不经心,不要坐着,忌用左手,名片高度以齐胸为宜,过高过低都会显得失礼。

3）接受名片

接受他人名片时,应当起身站立,充满敬意。最好双手并用,也可以只使用右手,但不能单独使用左手。接过名片后要说"谢谢",然后从头至尾看一看,可小声读出来,表示重视对

单元 4　城市轨道交通服务人员沟通礼仪

方。看过对方名片后,应立刻放入自己的名片夹或手提包里,切勿只放在桌上或拿在手中玩弄。同时,最好也将自己的名片递上,有利于相互了解。

4)名片的其他用法

在社会交往中,名片还有其他用法。如将名片附在贺卡上,可以作为一种问候的形式,既方便又简单;在名片上可以列出本单位的业务内容,进行业务介绍;向他人赠送礼品时,也可以将名片放入其中。

4.4.6　致意礼

致意礼是一种较为随意的见面礼,通用于日常交往中和双方多次见面之时。运用亲切文雅的致意礼能体现出对他人的敬重和友善。致意礼的基本原则是:应首先向受尊重者表示致意,即男士应先向女士致意、年轻者应当先向年长者致意、下级应当先向上级致意,体现出对女士、长者、上级的尊敬。常见的致意礼有下列几种方式。

1)举手致意

通常在双方相距较远时,或向对方表示致敬时,可以采用举手致意的方式。具体做法是:伸出右臂,掌心朝向对方,轻轻摆手。举手致意时,双目应注视对方,手眼不同步是一种失礼的行为。

2)点头致意

点头致意是指见面时稍微向下点一下头向对方打招呼。点头致意应该与微笑的表情和专注的目光相结合,才会显得大方、友好、得体。在工作中,服务员与乘客相遇,或目光相投时,均应向乘客点头致意,并亲切问好。如果距离较远,只需点头致意,表示问候即可。

3)脱帽致意

与人见面时,可用右手握住帽檐中央,取下帽子,左手下垂,微微欠身,向对方表示问候。一般为男士采用,女士可以不脱帽,点头致意即可。脱帽致意在西方国家较为常见。

4.4.7　拥抱礼

拥抱礼是西方国家常用的见面礼与道别礼。正规的拥抱礼是:两人相对站立,各自举起右臂,右手搭在对方左肩后面,左手扶住对方右腰后侧,两人头部及上身均向左相互拥抱,再向右拥抱,最后再向左拥抱。在西方国家,人们在表示慰问、祝贺、欣喜时均可用拥抱礼,正式场合一般采用正规的拥抱礼,一般场合不必过于讲究,次数可以减少。

4.4.8　亲吻礼

1)亲吻礼

行亲吻礼时,往往伴有一定程度的拥抱,不同关系、不同身份的人,相互亲吻的部位不尽相同。在公共场合和社交场合,关系亲近的女子之间可以吻脸,男子之间是拥肩相抱,男女之间一般是贴面颊;晚辈对尊长是吻额头;男子对尊贵的女宾可以吻手指或手背。在许多国家的迎宾场合,宾主往往以握手、拥抱、左右吻脸、贴面颊的连续动作,表示最真诚的热情和敬意。

2)亲吻礼的度与量

有关接吻来历流传最广的说法是:古罗马时,严禁妇女喝酒,男子外出归来,常常要检查一下妻子是否饮酒,便凑到她的嘴边闻一闻,嗅一嗅。这样沿袭下来,夫妇把嘴凑到一起的举动逐渐成为夫妇见面时的第一道礼节。后来,这种礼节逐渐普及,范围逐渐扩大,终于演化成今天的亲吻礼。

3)吻手礼

男子同上层社会贵族妇女相见时,如果女方先伸出手作下垂式,男方则可将指尖轻轻提起吻之;但如果女方不伸手表示,则不吻。如女方地位较高,男士要屈一膝作半跪式,再提手吻之。此礼在英法两国最流行。

4)接吻礼

多见于西方、东欧、阿拉伯国家,是亲人以及亲密的朋友间表示亲昵、慰问、爱抚的一种礼,通常是在受礼者脸上或额上接一个吻。接吻方式为:父母与子女之间的亲脸、亲额头;兄弟姐妹、平辈亲友是贴面颊;亲人、熟人之间是拥抱、亲脸、贴面颊,在公共场合,关系亲近的妇女之间是亲脸,男女之间是贴面颊,长辈对晚辈一般是亲额头,只有情人或夫妻之间才吻嘴。

5)亲吻礼的注意事项

一般而言,长辈与晚辈之间,宜吻脸颊和额头;平辈之间,宜轻贴面;关系亲密的子女之间可吻脸;异性之间,宜贴面;男士对女士表示敬意可吻手。行亲吻礼时,动作要轻快,勿过重过长或出声;要注意口腔清洁无异味,不要把唾沫弄在对方脸上、额上或手背上;如果不是特殊关系和特殊场合,年轻、地位低者,不要急于抢先施亲吻礼。

4.4.9 合十礼

在东南亚、南亚一些信奉佛教的国家和地区(如泰国、印度等国家)及我国的傣族地区,见面时常用合十礼。具体做法是:双手合十,五指并拢向上,掌心与鼻尖基本持平,上身微欠低头。一般来说,晚辈向长辈行礼,合十双手举至额头,年纪大、地位高的人还礼时双手可不过胸,行礼时双手举得越高表示越尊敬对方。

 实训内容

1. 任务实施

根据课堂实际,教师可将全班人员分4~6组,每组选出组长1名,记录员1名,其他分工若干,组内对本节知识要点进行相互考核,并记录考核结果。

(1)根据城市轨道交通岗位要求,进行见面礼仪训练,先组内相互检查、指正,再各组之间相互检查、指正。

(2)根据城市轨道交通岗位要求,进行电话礼仪训练,先组内相互检查、指正,再各组之间相互检查、指正。

(3)根据城市轨道交通岗位要求,进行交谈礼仪训练,先组内相互检查、指正,再各组之间相互检查、指正。

(4)根据城市轨道交通岗位要求,进行引导礼仪训练,先组内相互检查、指正,再各组之间相互检查、指正。

2. 任务测评

将任务完成情况填入下表。

序号	评价内容	完成情况	存在问题	改进措施
1	课前知识查阅情况			
2	见面礼仪是否符合标准,是否出现禁忌			
3	电话礼仪是否符合标准,是否出现禁忌			
4	交谈礼仪是否符合标准,是否出现禁忌			
5	引导礼仪是否符合标准,是否出现禁忌			
教师评价				

3. 任务小结(根据任务完成情况填写)

_____
_____
_____
_____

复习思考

1. 见面礼仪有哪些要求?
2. 电话礼仪有哪些要求?
3. 交谈礼仪时的要求有哪些?规范用语有哪些?
4. 引导礼仪中的手势礼仪、握手礼仪、鞠躬礼仪都有哪些要求?

单元 5　城市轨道交通岗位服务礼仪与技能

问题导入

在城市轨道交通系统中,每一个岗位都有其岗位要求,这就要求每一位城市轨道交通工作人员,要在掌握日常服务礼仪的基础上,掌握其岗位服务礼仪与技能。本单元对城市轨道交通重点岗位的服务礼仪和技能进行讲解。

▶ **知识目标**

1. 掌握城市轨道交通服务人员的基本素质要求;
2. 掌握站厅岗位服务职责要求;
3. 熟知客服中心(票亭)岗位服务内容;
4. 熟知站台服务人员的主要工作内容;
5. 熟知设备出现故障时服务人员的处置流程;
6. 知道乘客的期望与获得之间的关系。

▶ **技能目标**

1. 能够掌握站厅服务人员的常用服务技巧;
2. 能够掌握客服中心(票亭)岗位常用服务技巧;
3. 能够掌握轨道交通设备出现故障时常用服务技巧;
4. 能够掌握乘客投诉处理的常用技巧。

▶ **素质目标**

1. 具有良好的团队协作、人际交往和协商沟通的能力;
2. 具有良好的心理素质以及克服困难的能力;
3. 具有良好的职业道德等职业素养。

▶ **建议学时**

10 学时

单元 5　城市轨道交通岗位服务礼仪与技能

5.1　车站服务人员的基本要求

5.1.1　城市轨道交通服务人员的基本素质要求

(1)身体健康,五官端正,持有健康证。

(2)上岗前应通过安全、技术业务培训,经理论、实践考试合格,持证上岗。

(3)熟知岗位职责和作业标准,技术业务熟练,并了解其他岗位作业标准,具备与其他岗位联劳协作的能力。

(4)认真执行规章、制度、作业标准,具备妥善处理突发事件能力。

(5)掌握基本的手语、英语的语言沟通方式,具备为听障和语障乘客及外籍乘客服务的能力。

5.1.2　仪容仪表的要求

城市轨道交通车站服务人员在仪容仪表方面,必须严格要求自己,将最好的一面展现给广大乘客,让乘客有清新舒适之感。仪容仪表修饰的基本要求是整洁、自然、端庄。具体要求如下。

1)发型及发饰

发型的选择要考虑服务对象、环境以及自身特点。城市轨道交通服务人员面对乘客时,发型要以庄重、严肃、利落大方为原则。

(1)基本要求,如图 5-1 所示。

图 5-1　发型及发饰基本要求

①整齐利落,清洁清爽;

②发长过肩的女服务人员需将长发束起,佩戴有发网的头饰,将头发挽于发网内,发网最低位置不得低于衣领,头花端正;

③男服务人员要剪短发,具体要求为前发不遮额,侧发不过耳,后发不触领;

④服务人员戴帽子时,需将刘海别入帽子内,帽徽朝向正前方,不得戴歪。

(2)禁忌。

①染发烫发过度明显夸张;

②女服务人员长发遮挡脸部,头发凌乱;

③留怪异发型;

④男服务人员留长发。

2)面容

城市轨道交通服务人员面容基本要求为整洁、自然、端庄。

(1)基本要求,如图5-2所示。

①女服务人员上岗应着淡妆,保持清洁的仪容;

②男服务人员应保持脸面洁净,不可留胡须;

③佩戴眼镜时,应选择纯色镜架和无色镜片眼镜;

④女服务人员佩戴耳饰应选择简单、细小的样式,男服务人员避免佩戴耳饰;

⑤保持牙齿、口腔清洁,无异味。

 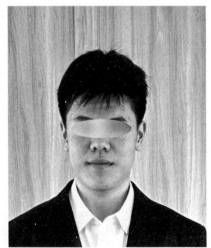

图5-2 面容基本要求

(2)禁忌。

①化浓妆或怪异妆;

②使用味道浓烈的化妆品;

③男服务人员留胡须;

④男服务人员佩戴耳部饰物；
⑤工作前食用葱、蒜、韭菜等带有刺激性气味的食物,或吸烟后上岗。

3）手部

服务人员在引导乘客时、帮助乘客提拿行李或者搀扶行动不便的乘客时,手部不可避免地会接触乘客,因此,服务人员的手部要保持干净整洁。

(1) 基本要求,如图 5-3 所示。
①保持手部干净、干燥；
②时刻保持指甲干净整齐,经常修剪；
③女服务人员只可涂肉色或透明色指甲油；
④男服务人员如果经常吸烟要及时清理手部烟渍；
⑤佩戴简单样式的手表。

图 5-3　手部基本要求

(2) 禁忌。
①服务乘客时手部出汗；
②指甲过长；
③夸张的指甲装饰品；
④手表样式夸张。

5.1.3　着装要求

城市轨道交通服务人员的着装要统一,制服样式要简洁大方,能够代表城市轨道交通企业形象。

1）制服

(1) 基本要求。
①干净无褶皱；
②领口、袖口要保持整洁干净,衬衫放在裤子里侧；
③裤袋限放工作证等扁平物品或体积微小的操作工具,避免服装变形；
④季节更替时,应按规定更换制服,不得擅自替换。

(2)禁忌。

①缺扣、立领；

②在套装和衬衫的胸袋内放入钱包、硬币等物品；

③卷袖挽裤；

④敞开衣襟。

2）鞋袜

(1)基本要求，如图 5-4 所示。

①穿着制服时应按规定穿黑色或深色的皮鞋，鞋面保持干净，黑色皮鞋配深色袜子；

②女服务人员着裙时，长袜颜色应选择与肌肤相贴近的自然色或暗色系中的浅色丝袜；

③皮鞋应定期清洁，保持干净光亮。

 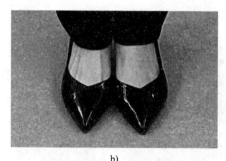

a)   b)

图 5-4 鞋袜基本要求

(2)禁忌。

①穿极度磨损的鞋及露脚趾脚跟的鞋；

②穿图案过多的袜子。

3）工牌及袖章

(1)基本要求。

①挂绳式工号牌照片和字面应朝向乘客，工号牌绳放在制服外侧；

②非挂绳式工号牌应佩戴在制服左工牌及上侧兜口的正上方位置，工号牌左下角袖章应抵住西服兜口边缘，并与地面保持水平；

③佩戴袖章时，应将袖章按要求佩戴在左臂，袖章有字一面朝向外侧，佩戴平整。

(2)禁忌。

①工牌上有装饰物，甚至盖住了姓名；

②工牌有损坏。

5.1.4 行为举止的要求

城市轨道交通服务人员的行为举止体现了员工的个人素养和工作状态，采用符合自身角色的仪态进行服务，更能被乘客接受。

1)站姿

(1)基本要求。

①上身挺胸收腹,头正目平,双肩平齐,双手自然下垂或体前轻握,下身应保持双腿直立,脚跟并拢;

②女士站立时,双脚成正步、呈 V 字形或丁字形,双手相握叠放于腹前或双手下垂放于裤缝边;

③男士站立时,两脚分开与肩同宽,双手下垂放于裤缝边或叠放于腹前或放在背后。

(2)禁忌。

①叉腰,抱膀,抖腿,或把手插在衣袋内;

②站立时,依靠在墙或其他物体上。

2)坐姿

(1)基本要求。

①正面对准窗口,目光正视乘客,身体挺直,两腿自然弯曲;

②男士双腿可以稍微分开;

③女士双腿必须靠近并拢。

(2)禁忌。

①趴着,打瞌睡;

②用手托腮,侧身斜靠桌子;

③前俯后仰,把腿放在椅子上。

3)行姿

(1)基本要求。

①上身正直,挺胸收腹,两肩自然放松,双臂自然摆动;

②与乘客相遇时,应主动点头示意并侧身礼让。

(2)禁忌。

①大摇大摆,勾肩搭背;

②嬉戏打闹,左顾右盼。

4)手势

(1)基本要求,如图 5-5 所示。

①为乘客指引时,手掌稍微倾斜,掌心向上,五指并拢,前臂自然向上抬,用手掌指路;

②指示方向时,应目视目标方向。

(2)禁忌。

①五指分开,手掌松散;

②用手指指点乘客。

图 5-5　手势基本要求

5)目光

(1)基本要求,如图5-6所示。

①与乘客交谈或传递物品时,应坦然亲切,双眼正视乘客;

②与乘客视线接触时,应点头微笑表示尊敬。

图5-6 目光基本要求

(2)禁忌。

①俯视乘客;

②目光注视乘客时,总是盯着一个部位。

5.2 站厅服务

5.2.1 站厅服务的职责

站厅服务是车站服务工作中的重要环节,其中蕴藏着许多服务细节。在站厅巡视的服务人员可能是乘客在车站遇到的第一位工作人员,对企业形象的"首因效应"也在此刻产生。

站厅岗岗位的服务职责通常包括以下方面:

(1)不断巡视站厅设备、扶梯的运行、乘客进出站情况等,并根据乘客需要及时提供协助。

(2)回答乘客询问,解决乘客问题。

(3)引导车票有问题的乘客到售票处。

(4)负责站厅边门的管理。

(5)积极疏导乘客,要特别注意突发大客流堵塞通道等特殊情况。

(6)当乘客对使用车站自动售票系统有困难时,应热情耐心地给乘客示范,并回答乘客问题。

(7)发现乘客携带"三品"、宠物,超长、超重物品进站乘车时,应礼貌地制止,并解释相关规定。

(8)站厅人员应时刻留意乘客排队人数,及时向站长(或值班站长)汇报,包括客服中心(票亭)、临时票亭和自动售票机(TVM)前乘客排队的人数,以便站长(或值班站长)决策。

(9)积极引导进、出站乘客到乘客较少的票务中心、自动售票机、闸机等处购票、进(出)站,如图5-7所示。

(10)负责监督工作区域内的卫生情况,发现问题,立即整改。

站厅工作人员在站厅巡视时,注意收腹提气,环视站厅的目光要聚焦,以显示出工作人员饱满的精神状态。若目空一切、走路驼背,会给乘客留下不够专业、精神不济、做事拖沓的不良印象。

站厅巡视时要多看、多听、多巡、多引导。观察有无异常情况,看有无需要帮助的乘客和需要处理的设备故障;多听乘客对服务的意见、建议;多走动、巡视了解站厅客流情况;引导乘客到临时票务中心及乘客较少的一端购票乘车。

站厅人多嘈杂,乘客身份较复杂,站务人员要细心观察,"投其所好",以礼相待,让乘客产生信赖和赞赏的良好感受。在巡视时,对表现出有困难或疑惑的乘客,工作人员要主动上前服务。进行引导时,如果是面对面交流,注意与乘客之间的距离保持在60cm的距离,尤其是异性之间,最好不要侵入乘客的私人区域。如果是并排站立,也需要与乘客保持至少30cm的距离。说话时,侧身站立,脸侧向乘客,做到"百问不厌,有问必答,准确回答",并使用引导手势进行方向的指引,如图5-8所示。

图5-7 闸机前引导服务

图5-8 引导手势指引方向示范

当发现乘客使用蹲姿候车时,常用的劝导语是:"女士(先生),您好,如果您有需要,可以去候车椅坐着等车,谢谢您的合作。"对乘客进行劝导时,要注意声音温和,态度和蔼亲切,口气婉转,使用"请""对不起""谢谢"等文明用语。注意观察乘客的表情与肢体语言,对不同类型的乘客要有的放矢地进行劝导。不得与乘客争辩,更不能使用粗言秽语;未得到乘客同意时,不得触碰乘客的身体。如遇到态度强硬不配合工作的乘客,可以请警务人员协助劝导。

在进行巡视时,注意步幅适中,勿含胸塌腰、抱膀叉腰。脚步轻盈平稳,避免"内八字"或

"外八字"。工作人员不得三五成群、扎堆聊天,更不能用对讲机聊工作以外的事,或东游西逛,给乘客留下"游手好闲"的不良印象。

城市轨道交通乘车违禁品

一、地铁乘客乘车违禁品

"三品"是指易燃、易爆、有毒的危险品。携带"三品"进站对城市轨道交通运营安全会构成重大安全隐患,可能引发爆炸、火灾以及其他危害人身安全的事件。

具体包括以下10大类化学危险品:

(1) 易爆物品,如雷管、导火索、炸药、鞭炮、烟花、发令纸(打火纸)等。

(2) 易燃物品,如汽油、煤油、酒精、松节油、油漆等。

(3) 易燃固体,如硫黄、油布及其制品等。

(4) 压缩气体类,如打火机气体、液化石油气等。

(5) 自燃物品,如黄磷等。

(6) 毒害物品,如砒霜、敌敌畏等。

(7) 腐蚀性物品,如硫酸、盐酸、臭氧水、苛性钠等。

(8) 放射性物品。

(9) 氧化剂物品。

(10) 遇水易燃烧物品,如金属镁粉、金属钠、铝粉等。

另外,气球、宠物、禽兽、管制刀具等危险物品,严禁携带进站乘车。

违禁品介绍

二、城市轨道交通禁止携带的物品

(1) 枪支、军用或警用械具类(含主要零部件),包括:

①公务用枪:手枪、步枪、冲锋枪、机枪、防爆枪等。

②民用枪:气枪、猎枪、运动枪、麻醉注射枪等。

③其他枪支:样品枪、道具枪、发令枪、仿真枪等。

④军械、警械:警棍等。

⑤国家禁止的枪支、械具:钢珠枪、催泪枪、电击枪、电击器、防卫器。

⑥上述物品的仿制品。

(2) 爆炸物品类,包括:

①弹药:各类炮弹和子弹等。

②爆破器材:炸药、雷管、导火索、导爆索等。

③烟火制品:礼花弹、烟花、爆竹等。

④上述物品的仿制品。

(3) 管制刀具，包括匕首、三棱刀（包括机械加工用的三棱刮刀）、带有自锁装置的弹簧刀以及其他相类似的单刃、双刃、三棱尖刀等。

(4) 易燃易爆物品，包括以燃烧、爆炸为主要特征的氢气、一氧化碳、甲烷、乙烷、丁烷、天然气、乙烯、丙烯、乙炔（溶于介质的）、液化石油气、氧气、水煤气等易燃、助燃、可燃毒性压缩气体和液化气体；汽油、煤油、柴油（闪点≤60℃）、苯、酒精、丙酮、乙醚、油漆、稀料（香蕉水、硝基漆稀释剂）、松香油及含易燃溶剂的制品等易燃液体；红磷、闪光粉、固体酒精、赛璐珞等易燃固体；黄磷（白磷）、硝化纤维片、油纸及其制品等易自燃物品；金属钾、钠、锂、碳化钙（电石）、镁铝粉等遇湿易燃物品；过氧化钠、过氧化钾、过氧化铝、过氧乙酸、过氧化氢等氧化剂和有机过氧化物；4 瓶以上的白酒。

(5) 毒害品，包括氰化物、汞（水银）、剧毒农药等剧毒化学品以及硒粉、苯酚、生漆等具有可燃、助燃特性的毒害品。

(6) 腐蚀性物品，包括盐酸、氢氧化钠、氢氧化钾、硫酸、硝酸、蓄电池（含氢氧化钾固体或注有碱液的）等具有可燃、易燃特性的腐蚀品。

(7) 放射性物品，包括放射性同位素等放射性物品。

(8) 国家法律、法规规定的其他禁止乘客携带的物品。

5.2.2 自动售票机购票指引服务

自动售票机（TVM）设置于城市轨道交通车站非付费区，用于乘客自助购买单程票。乘客可一次性购买多张票价相同的普通单程票。我国某些城市地铁公司的 TVM 还设计有为地铁专用储值卡充值的功能。

TVM 购票引导服务

站厅工作人员需要为初次使用 TVM 购票，或在购票时遇到困难的乘客提供指引服务。在为乘客进行购票指引时，工作人员应站在乘客左手边（空间允许的前提下），与乘客保持适当的距离，使用引导手势按购票步骤进行指引，如图 5-9 所示。指引时，吐字清晰、语速正常。常用的服务语言有："乘客您好！请问您准备好零钱了吗？售票机只接收×元硬币以及×元、×元纸钞。""请问您去哪个车站？"当乘客不清楚要去哪个车站时，可询问乘客的目的地："请问您要去哪里呢？"当售票机退回乘客投入的钱币时，站务人员需向乘客解释："抱歉！您这张钱有点旧，售票机比较敏感，不能识别，请您换一张（枚）。"最后要提醒乘客在出票（找零）口拿取车票以及找回的零钱。原则上，不允许接受乘客的钱币，帮乘客购票。

当有乘客投诉 TVM 卡币或卡票时，应先安抚乘客情绪，如"您先不要着急，我们检查一下设备。"一般情况下，应先查看 TVM 是否显示"正常服务"，再摸出票口是否有遗留的车票或是找零。如果以上均无异常，且购票人数不多，则该机悬挂"暂停服务"告示牌，打开维修门检查交易记录，核实卡币或卡票情况，按相关规定进行"乘客事务处理"。

当遇到多名乘客同时求助时，根据实际情况分轻重缓急依次处理，必要时报告站控室请求支援,不得对乘客不理不睬。高峰时段厅巡人员应统一使用便携式扩音器。在客流引导时,标准式站姿站立,将扩音器置于嘴部说话即可。使用时,吐字清晰,积极主动,不得拿广播对着乘客喊话。当解答乘客问题时,建议用手捂住话筒,避免声音外传影响其他乘客;要防止话筒与扩音器太靠近而产生噪声。在进行客流引导时,勿用单指,应使用直臂式及斜臂式引导手势更大方得体。

图 5-9 指引乘客使用 TVM 购票

5.2.3 进出闸指引服务

当乘客购买单程票后,或是持储值票的乘客都需要经过闸机检票进站。目前,国内的城市轨道交通运营企业常采用的有转杆闸机以及扇门闸机两种。乘客在进出闸时会出现以下常见状况,站务工作人员要做好相应的指引服务。

闸机引导一次作业程序

图 5-10 指示闸机验票区

1)初次使用闸机

这类乘客多为初次乘坐地铁,站务人员需要耐心指引。常用指引语言:"乘客您好!请将车票放在验票区。"如果使用的是转杆闸机,还要在验票指引后再提醒乘客:"请您推动转杆"。进行指引服务时注意使用引导手势,如图 5-10 所示。出闸指引常用服务语言:"请右手验票,前面通道出闸。""乘客您好!请将车票投入'投币口'后,推动转杆。"

2)误用闸门或转杆

乘客验票后,因自身原因未及时通过闸机,闸机扇门关闭或是转杆被锁时,常用指引语言:"乘客您好!请您到客服中心(票亭)更新车票。"并用引导手势指向客服中心(票亭)位置。

3）闸机报警

多数是因为乘客还未验票就已靠近了闸门，闸机误认为有人非法入侵，故而报警。此时，站务人员需及时作出指引："乘客您好！请您向后退一点再验（检）票。"提倡使用引导手势，忌用驱赶乘客向后的"赶苍蝇"式手势。

4）乘客钻闸或并闸

在闸机遇到乘客钻闸或并闸时，一般的指引方式是："乘客您好，请出示您的车票。"如乘客表示没有车票，向乘客进行解释："按规定您需补全程票价，请您到票务处办理补票手续。"如果乘客出示了车票，但车票不能正常出闸，站务人员使用引导手势指引乘客前往客服中心（票亭）处理车票。

5）优惠车票与身份不符

当发现乘客违章使用特殊车票时，切忌主观认为乘客在逃票，应首先查验其使用车票："乘客您好，请出示您的车票。"并再次提示乘客，"您是否还有另外一张车票？"以防乘客错用车票而导致误会引发投诉。如果确认乘客无其他车票，站务人员需出示执法证件并表明身份："您好，我是城市轨道交通执法工作人员。您违章使用特殊车票的行为违反了轨道交通管理条例的第×条，按规定我们现在对您作出×××处罚/罚款，请您配合。"若乘客拒绝或故意发难，可找警务人员配合执法。

6）大件行李或婴儿车

及时在乘客未进闸时提醒乘客："乘客您好！为了安全，请您使用阔闸机。"或"乘客您好！为了安全，请您从边门进站，进站后再刷卡。"待乘客进闸后，必须再次提醒乘客："您的行李较多（为了孩子的安全），建议您不要走楼梯，不要使用手扶电梯，请您使用厢梯。"用引导手势指引乘客前往厢梯。

7）孩子身高超过1.3m未购票

因孩子身高超高未购票的劝阻带来的乘客投诉不少。一是因为目测的身高不一定准确；二是因为也有些孩子有学生票，但不愿意使用或是因为车票异常无法正常使用。站务人员看到此类情况，忌语言生硬，态度强势，忌张口就认定孩子故意逃票。如果孩子明显超过1.3m，建议先阻止孩子进、出闸："小朋友，请你出示一下车票。"无法出示车票的，用引导手势指引补票。如果能出示学生票，则指引验票出闸。对于车票异常的，同样使用引导手势指引前往客服中心（票亭）进行处理。对于拿不准孩子身高的，建议做法为："乘客您好！请您带孩子来测量一下身高。"并鼓励孩子："小朋友，你长大了哦，来测量一下身高，说不定很快就可以像爸爸妈妈一样有自己的乘车卡（车票）了！"

儿童超高未购票出闸引发投诉

8）无法正常进出闸

当发现乘客使用的车票无法进出闸时，可以根据闸机的显示初步判断车票存在的问题，做到心里有数。引导手势指引乘客持票前往客服中心（票亭）进行票务处理："乘客您好！

请您到客服中心(票亭)进行车票处理,谢谢!"

9)携带超大物品乘车

需耐心向乘客做好解释工作:"乘客您好!根据规定,您携带的属于超大物品,不能乘坐地铁。请您选择其他交通工具。感谢您的配合!"如果乘客不配合,可以引导乘客前往客服中心或张贴"乘客乘车守则"处阅读相关规定。

乘客携带超长物品
进站的处理

10)当乘客求助

在站厅服务时,当有乘客走近,应主动询问:"您好,请问有什么需要帮助吗?"或"您好,我能为您做点什么?"

除以上十类常见情况外,对老、弱、病、残、孕等重点照顾乘客需要区别对待,提醒这类乘客走楼梯或乘坐厢梯上下站厅。如果对方不配合,要耐心地再次提示:"乘客您好!如果您坚持使用手扶电梯,一定要靠右站稳扶好。"行动不便的乘客,最好能陪同上下站厅。帮助身体不适的乘客在车站控制室或休息室休息,待身体情况好转后,再送乘客进出站;若情况越来越糟,则视情况联系其家人或救护车。坐轮椅的乘客,建议使用残疾人专用电梯(楼梯升降机)。

5.3 客服中心服务及站台服务

5.3.1 客服中心(票亭)岗位服务技巧

客服中心(票亭)一般设置在站厅的两端,客服中心(票亭)的工作人员可同时为付费区以及非付费区的乘客服务,为非付费区乘客提供兑零、发售储值票、特殊情况下发售单程票、发售行李票、提供发票、问询等服务;为付费区乘客提供车票异常分析及处理、补票等服务。同时有两位乘客等候服务时,按照先付费区后非付费区的原则为乘客服务。

客服中心(票亭)岗位常用服务技巧如下:

(1)排队人数较多时,应提高兑零、售票速度,避免此时交接班。

(2)当客服中心前出现大客流(10人以上或排队超过8人并维持3min以上),应电话通知值班站长或巡视岗,加派人手或使用人工广播引导。

(3)在兑零空余时间尽可能把硬币盘摆满硬币。

(4)所兑硬币不散放在票务凹斗,而是垒成柱形,使乘客取币方便、快捷。不得有丢、抛的动作。

(5)应优先处理付费区内乘客,并要礼貌地让非付费区内乘客稍等。

(6)乘客在哪端客服中心(票亭)有需求,该端的站务人员应当及时为乘客处理车票问题和做好开启边门的登记。

(7)预备充足的零钱和车票,掌握存量,及时通知值班员追加,保证售票和兑零工作顺畅。

单元 5 城市轨道交通岗位服务礼仪与技能

5.3.2 客服中心(票亭)岗位服务细节

服务人员在客服中心(票亭)里的一举一动,乘客都可以看得很清楚的。因此,除了上身保持直立外,还要关注腿部细节,如不能脱鞋服务、架"二郎腿"服务等。乘客到来时,需面对乘客主动问好,与乘客眼神对视,表情要自然亲切,语气应做到轻柔和缓,表示对乘客的欢迎,如图 5-11 所示。切忌从头到尾都对着电脑说话,让乘客感觉不受尊重。服务过程中使用"您好、请、谢谢、对不起、再见"十字文明用语。"唱收唱报"时,身体略转向乘客,目视对方,注意与麦克风的距离,控制好音量与语速。

图 5-11 服务人员售票服务示范

需要指引方位时,应使用引导手势,勿用食指指引,如图 5-12 所示。

需要乘客签名时,应把笔盖打开,用右手的拇指、食指和中指轻握笔杆,笔尖朝向自己,递到乘客的手中。更好的做法是在递笔的同时,左手做"请"的动作,如图 5-13 所示。不可将笔尖对向乘客,或是将笔扔、丢、甩进凹槽。

a) 正确示范　　　　　　　　　　b) 错误示范

图 5-12 指引方位示范

递送车票、找零、发票时,上身略向乘客方向倾斜,眼睛注视乘客手部,以文字正向方向递交,找零时注意小面值在上,大面值在下,按面值从上往下递增的原则,轻拿轻放,如图 5-14 所示。

 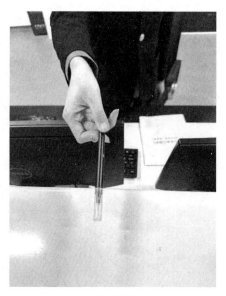

a) 将笔递到乘客手中　　　　　　　　b) "请"的姿态

图 5-13　向乘客递笔示范

图 5-14　递送物品文字需正向乘客

离开窗口或交班要提前向乘客声明,尽量选择客流低峰时段或当前无乘客需要服务时。摆放"暂停服务""交接班,请稍候"等告示牌,以免乘客继续排队等待造成投诉。离开客服中心(票亭)前,需退出计算机界面,并锁闭抽屉、钱箱、客服中心(票亭)门,台面无票据、票款、车票。

5.3.3 客服中心(票亭)岗位常用服务用语

服务人员要严格按公司规定的售票(兑零)流程工作,注意服务姿态外,常用的服务用语也必须掌握。

乘客需要兑换硬币时,要清晰唱收唱报:"收您××元,找您××元。"硬币应垒成柱状交给乘客,不得散放,不得有丢、抛等动作。

当找不开零钱时,应说:"您好!请问您有零钱吗?"或者说:"对不起,我这里的零钱不够,可能要找一些硬币给您,可以吗?"(在票亭工作时,应动态掌握零钱存量,及时通知值班员追加,保证售票和兑零工作顺畅)。

收到残币或假币时,应说:"对不起,请您换一张钞票,好吗?"

出售储值票时,应说:"您好!请看显示器。这是一张××元的车票。"乘客确认无误后,"您好!找回您××元。请您拿好找零和车票,票款请当面点清,谢谢!"

乘客询问地铁票价时,应说:"请问您去哪个站?""请问您要去哪里?"再根据乘客提供的站名或目的地,如实告知票价:"女士(先生),您好,您到××站的票价为×元。"

乘客想购买往返票时,应说:"女士(先生),对不起!地铁车站没有往返票出售,单程票只能在购票的车站当日当站使用。"

乘客询问储值票能否多人同时使用时,应说:"女士(先生),对不起,储值票只能1个人使用,不能多人同时使用。"

乘客出站时发现出不了站(超程及超时),应说:

(1)"女士(先生),您好!您的车票已超程,请您按规定补交超程车费×元。"

(2)"女士(先生),您好!您的车票已超时,请您按规定补交超时车费×元。"

当付费区、非付费区均有乘客时,对非付费区乘客解释:"女士(先生),对不起!请您稍等。"

当乘客询问小孩是否有半票时,应说:"女士(先生),您好!按照地铁规定,如果小孩没有超过1.3m,一位成年人只可以免费带一名小孩乘坐地铁。"

乘客欲在票亭购票时,应说:"女士(先生),您好!如果您需要买单程票,请准备零钱或在此兑换零钱,然后到自动售票机处购买,储值票可在此购买。"

收到乘客一张过期单程票时,应说:"女士(先生),您好!单程票只能当天并在购票站乘坐地铁使用;您的车票已经过期,按规定这张车票需回收。假如您仍需搭乘地铁,请您重新购买一张票。"

5.3.4 站台服务

站台服务是车站服务的关键内容。站台也是乘客较为集中的地方。特别是在高峰时段,在候车和上车时容易混乱造成安全事故。因此,站台服务要以安全第一,礼仪与之相结合。

城市轨道交通服务人员不得在站台倚靠、背手、叉腰、抱膀、手插兜。

站台岗岗位职责

1）站台服务人员在站台的主要工作

(1) 监视地铁运行状态、候车乘客动态，监视是否有乘客跳下轨道、进入隧道、倚靠站台门、抢上抢下或乘客物件掉落轨道，防止地铁、站台门夹人夹物或夹人夹物动车，根据情况及时采取正确的处理办法。

(2) 宣传乘客在黄色安全线以内候车，不要依靠站台门，不要抢上抢下，维护站台秩序，组织乘客有序候/乘车。

(3) 若发现异常情况及时采取措施或与车站控制室联系。

(4) 回答乘客询问，在力所能及的范围内，尽量帮助乘客解决问题，特别注意帮助老、弱、病、残等需要提供帮助的乘客。

(5) 当列车车门或站台门故障时，协助司机处理车门，如贴上"此门故障，暂停使用"的静电贴纸、摆放"设备故障"警示牌等，如图 5-15 所示。

图 5-15　站台门故障警示牌

目前，我国城市轨道交通车站站台多为岛式站台，候车乘客较为集中。某些城市的城市轨道交通车站未安装站台门，乘客候车存在一些安全风险点。因此，站台工作人员要不厌其烦地做好安全宣传工作，在进行安全宣传时，要注意扬声器与嘴巴的位置，既保证声音能传输出去，也要保证不刺耳，更不能发出嚣音。当有乘客走近询问或者在提醒乘客注意安全时，一定要先关闭或远离扬声器，避免影响其他乘客。

在站台要把握好乘客引导的时机进行规范的指引，如图 5-16 所示，具体要求见表 5-1。

单元5　城市轨道交通岗位服务礼仪与技能

a)　　　　　　　　b)

c)　　　　　　　　d)

图 5-16　站台候车引导

站台候车五部曲

站台候车引导要求　　　　　　　　　　　　　　　　　　　　表 5-1

引导要求	引导时机			
	列车未到站	列车到站还未停车	列车到站开门后	列车车门即将关闭
引导重点	引导乘客按地面指示标志排队候车	劝阻乘客不要拥挤	劝阻乘客不要抢上抢下	阻止乘客抢上,防止夹人夹物
建议动作	足踏黄色安全线,采用双臂式引导手势	足踏黄色安全线,单手采用禁止手势	侧身站在站台门外,使用双臂式或斜摆式引导手势	站在某一站台门正中,足踏黄色安全线,一手垂于体侧,一手使用拦截手势

续上表

引导要求	引导时机			
	列车未到站	列车到站还未停车	列车到站开门后	列车车门即将关闭
引导语言	"请乘客按地面箭头排队候车,先下后上,多谢合作!"	"请乘客先下后上,不要拥挤,多谢合作!"	"下车的乘客请抓紧时间,上车的乘客请往车厢中部走,请照顾好随行的老人及小孩,请为有需要的乘客让座。"	"车门即将关闭,请留意您的衣物,谨防被夹。"

在站台还要做到"多巡视、多提醒、多引导"。巡视时,步伐大小一致,走速均匀,抬头挺胸,保持良好的精神面貌。密切关注乘客情况、站台门工作状况,"三步一回头"。多提醒乘客看管物品、看好小孩,不得跑闹、追逐,不得冲上冲下,到人少的一端候车等。站台客流不均匀时,要及时引导控制,防止乘客拥挤。发现异常情况,及时与司机、车站控制室及其他岗位联系,必要时采取控制措施。遇蛮横不讲理的乘客及时与公安联系,不与乘客发生正面冲突。

2)站台岗位常用服务用语

(1)列车进站前及进站时,应说:"各位乘客/先生(女士),为了您和他人的安全,请站在黄色安全线内排队候车,多谢合作!""各位乘客/先生(女士),为了您的安全,请勿倚靠站台门,多谢合作!""各位乘客/先生(女士),由于现在站台乘客较多,请到站台乘客较少的地方候车,多谢合作!"

服务用语要求

(2)乘客越出黄色安全线时,应说:"各位乘客/先生(女士),为了您和他人的安全,请站在黄色安全线内排队候车""各位乘客/先生(女士),请不要在站台门和黄线之间放置物品,多谢合作!"

(3)乘客在下车通道候车时,应说:"各位乘客/先生(女士),请按地面箭头标志排队候车,多谢合作!"

(4)列车到站停稳开车门时,应说:"上车的乘客请注意,请小心地铁与站台的空隙,先下后上,多谢合作!"

(5)列车将要关车门(有乘客抢上)时,应说:"各位乘客,车门即将关闭,没有上车的乘客请您耐心等候下一趟车,(请不要越出黄色安全线)多谢合作!"

(6)乘客有物品掉下轨道时,应说:"先生(女士)您好,请不要着急,我们的工作人员会尽快为您拾回物品,多谢合作!"

(7)小孩在站台上追逐奔跑、打闹时,站务人员要半蹲或俯身提醒小朋友:"小朋友,地面很滑,容易摔倒,要乖乖跟家长排队等车哦。"与此同时,提醒家长:"先生(女士),您好,地面很滑,容易摔倒,请您带好您的小孩,不要在站台追逐、奔跑、打闹。"

(8)遇到身体不适的乘客时,应说:"先生(女士),您好,您是不是哪里不舒服?需要我的帮助吗?"

(9)末班车到站时,应说:"各位乘客请注意,开往××方向的末班车将在××时××分开出,请您抓紧时间上车。"

(10)城市轨道交通服务终止时,应说:"各位乘客,今天的城市轨道交通服务已经终止,请您尽快出站。"

在进行语言提示时,一定注意与乘客保持适当的距离,如图 5-17 所示。语速适中,态度温和,不能主动接触乘客的身体。

图 5-17　文明劝导

5.4　城市轨道交通车站应急服务与特殊乘客服务

城市轨道交通车站作为乘客出入、换乘线路的集中点,通常人员非常密集,设备也非常多,存在的隐患就相对要多,设备损坏的概率也大,为了避免人员伤亡、财务损失等情况,服务人员还要掌握一些常见的应急措施及服务。

5.4.1　城市轨道交通车站应急措施及服务

1)发生火灾

火灾是城市轨道交通车站可能发生的最严重的紧急情况之一。在城市轨道交通车站火灾发生时,服务人员必须迅速采取紧急措施,确保人员的生命安全。

(1)立即启动火警报警系统,并通知现场工作人员。

(2)迅速将乘客疏散至安全地带,不要拥挤,以免引发更大的灾害。

(3)使用灭火器或灭火器具进行初次扑救。如果初次扑救无效,应立即撤离。

(4)通知消防部门,请求火灾救援。

(5)与消防人员配合,提供必要的信息和协助。

2)出现人员拥挤

在节假日或上下班高峰期,人员拥挤是城市轨道交通车站常见的紧急情况之一。当人员过度拥挤时,易导致人员伤亡事故的发生。因此,服务人员应采取有效措施确保人员安全通过。

(1)加强巡逻,保持秩序并引导人员按照规定的通道顺序进出车站。

(2)提前发布城市轨道交通车站客流信息,引导乘客选择非高峰时段出行。

(3)人员拥挤时,可以适当增设临时通道,实现人流分流。

(4)保持现场秩序,协调人员流动,避免人员聚集,防止发生踩踏事件。

3)站台门出现故障

站台门是地铁站应用最多、使用最频繁的设备之一,故障的应急处理,在确保安全的前提下,按照"先通后复"的原则处理故障。

(1)一对站台门不能开启。

①发现故障后,用对讲机通知车站:"车站控制室,上行/下行站台第××号车门对应的站台门不能打开,请前往处理。"

②广播引导乘客从其他打开的车门处上下,与巡视岗加强联系,确认乘客上下完毕后关站台门、车门,确认具备动车条件后动车。

③列车出站后报行车调度员。

(2)多对站台门不能开启。

①多对或者所有门不能开启,尝试重开,若仍不能开启则通知车站:"车站控制室,上行/下行站台多对(所有)站台门不能开启。"

②广播通知乘客:"需要在本站下车的乘客请注意:因站台门故障,请按门上指示手动打开站台门下车,多谢合作。"

③与站务人员加强联系,确认乘客上下完毕后关站台门、车门,确认具备动车条件后动车,列车出站后报行车调度员。

(3)一对站台门不能关闭

①重新开关站台门一次,看能否恢复正常。

②不能,则用对讲机通知车站:"车站控制室,上行/下行站台第××号车门对应的站台门不能关闭,请前往处理。"

③车站人员处理完毕,确认具备动车条件后动车。

若处理后无法恢复正常时,与车站人员共同确认站台安全后限速15km/h出站。

(4)多对站台门不能关闭。

①重新开关一次站台门,若恢复正常动车,并在动车后报行车调度员。

②未恢复正常,报车站:"车站控制室,上行/下行站台多对站台门不能关闭,请前往处理。"待车站人员处理完故障后,确认具备动车条件后动车。

③动车后报行车调度员。

若处理后无法恢复正常时,与车站人员共同确认站台安全后限速 15km/h 出站。

4)自动扶梯出现故障

(1)忽然泊车的应急办理。

操作人员切断自动扶梯的控制电源,检查泊车的缘由,并做好记录。

(2)异常现象的应急办理。

自动扶梯内行驶过程中有异常声响、异味、不正常振动和摩擦,梯级或踏板有较大跳动,扶手装置及裙板有"麻电"感觉现象,当发现时,应马上按下急停按钮,停止自动扶梯运转,并马上通知专业维修人员进行检查维修,如按下急停按钮仍没法泊车时,应切断供电总电源开关。

(3)没法启动的应急办理。

应首先检查电源的供电状况,如无问题但仍不启动,应暂停使用,进行检查修复后再投入使用。

(4)制动距离过长的应急办理。

自动扶梯急停时,制动距离过长,须及时检查自动扶梯制动器的抱闸缝隙、制动器表面油污及磨损状况。

(5)扶梯装置夹入异物的应急办理。

发现扶梯的出入口或扶梯与扶手装置之间夹入异物,不可以等候扶梯的安全保护装置起作用,而应马上按下急停按钮或切断总电源开关;依据夹入异物的状况和程度,对异物进行拿出办理,如能顺利拿出,对扶手带装置、安全保护开关等有关部位进行检查,确认正常后,重新启动扶梯;假如异物不可以顺利拿出,须打开驱动机房进行手动盘车,拿出异物。假如手动盘车仍不可以拿出异物,则应寻求支持,立即采取可行措施拿出异物。

(6)梳齿板夹入异物的应急办理。

当发现梳齿板有异物卡住时,应马上按下急停按钮或切断电源总开关,将扶梯停止运转;依据夹入异物的状况和程度,借助有关工具取下。假如异物能顺利取下,对梳齿板、安全保护开关等有关部位进行检查,确认正常后重新启动扶梯;假如异物不可以取下,应打开驱动机房进行手动盘车,如果手动盘车仍不可以拿出异物,应寻求支持,立即采取可行措施拿出异物。

5)其他设备出现故障

城市轨道交通车站常见设备除了站台门、自动扶手外,还有电梯、其他轨道交通设备等,这些设备出现故障时,也是紧急情况,需要及时采取措施确保乘客安全。

(1)设备发生故障时,迅速通知相关维修人员,并在现场设置警戒标志,避免乘客进入受影响的区域。

(2)根据紧急情况,提供清晰明确的指引,引导乘客绕行或换乘。

(3)及时更新设备维修进度,向乘客提供最新信息。

(4)在设备维修期间,增加人员巡逻,确保乘客秩序井然。

6)出现恶劣天气

恶劣天气条件下,如城市轨道交通车站遭遇台风、暴雨等,需要采取一系列预防措施,以确保城市轨道交通车站正常运行。

(1)及时监测天气变化,提前发布相关天气警报,引导乘客合理安排出行。

(2)加强管网排水,确保城市轨道交通车站内地面、通道畅通。

(3)检查城市轨道交通车站出入口的防水设施,防止雨水渗漏。

(4)加强设备、设施的检查和维护,确保正常运行。

5.4.2 特殊乘客服务

在乘坐地铁的乘客中,有些特殊乘客,如外籍人员或残障人士,外籍人员需要服务人员会用英语进行日常交流,在此不再赘述。对于残障人士,在城市轨道交通车站中会有很多的无障碍硬件设施,在城市轨道交通车站的站台、垂梯、出入口处,均设有无障碍电梯、轮椅升降平台、盲道、盲文等。服务人员在发现残障人士时,要主动上去服务,帮助残障人士乘坐地铁;服务人员能够熟练的操作相关的无障碍设备;服务人员应掌握服务残障人士的技能。

手语是用手势比量动作,根据手势的变化模拟形象或者音节以构成的一定意思或词语,它是听障人士互相交际和交流思想的一种手的语言,它是"有声语言的重要辅助工具",而对于听障人士来说,它则是主要的交际工具。城市轨道交通是公共交通,针对听力障碍的乘客,服务人员学习服务手语,把乘客的不便变为方便,做到无障碍服务。城市轨道交通服务实用手语如下。

1)您好

"您":一手食指指向对方;"好":一手握拳,向上伸出拇指,如图5-18所示。

2)谢谢

"谢谢":一手伸出拇指,弯曲两下,表示向人感谢,如图5-19所示。

特殊乘客服务要求

3)不用谢

"不用":一手直立,掌心向外,左右摆动几下;"谢":一手伸拇指,弯曲两下,如图5-20所示。

4)对不起

"对不起":一手五指并拢,举于额际,先做"敬礼"手势,然后下放改伸小指,在胸部点几下,表示向人致歉并自责之意,如图 5-21 所示。

图 5-18 "您好!"手势

图 5-19 "谢谢!"手势

图 5-20 "不用谢!"手势

图 5-21 "对不起!"手势

5) 再见

"再见":一手上举,五指自然伸出,手腕挥动两下,如图 5-22 所示。

6) 请跟我来

"请":双手掌心向上,在腰部向旁移,表示邀请之意,如图 5-23a)所示;"跟":双手拇指、小指伸直,一前一后往前移,象征一个人跟着前面一个人走的样子,如图 5-23b)所示;"我":一手食指指自己,如图 5-23c)所示;"来":一手掌心向下,由外向内挥动,如图 5-23d)所示。

图 5-22 "再见!"手势

a)

b)

c)

d)

图 5-23 "请跟我来"手势

7) 请让我帮帮你

"请":双手掌心向上,在腰部向旁移,表示邀请之意,如图 5-24a)所示;"我":一手食指指自己,如图 5-24b)所示;"帮":帮助,双手掌心向外,拍动两下,表示给人援助、帮助,如

图5-24c)所示;"你":一手食指指向对方,如图5-24d)所示。

图5-24 "请让我帮帮你"手势

8)请问你要去哪里

"请":双手掌心向上,在腰部向旁移,表示邀请之意,如图5-25a)所示。"你":一手食指指向对方,如图5-25b)所示;"要":一手平伸,掌心向上,由外向里微微拉动,如图5-25c)所示;"去":一手拇指、小指伸直,由内向外移动,如图5-25d)所示;"哪里":一手食指指尖向外,作波纹状移动几下,如图5-25e)所示。

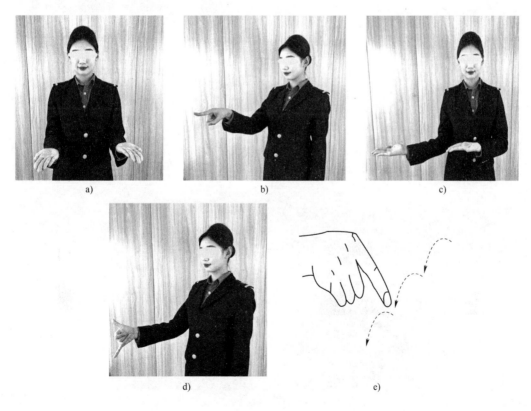

图5-25 "请问你要去哪里?"手势

9) 请问,洗手间在哪里?

"请":双手掌心向上,在腰部向旁移,表示邀请之意,如图5-26a)所示;"问":一手指直立,自嘴前向外移一下,如图5-26b)所示;"洗手间":一手做字母"W"和"C"的手势,双手搭成"A"形,如屋顶状,如图5-26c)所示;"在":左手横伸,掌心向上;右手伸出拇指和小指,由上而下移至左手掌心上,如图5-26d)所示;"哪里":一手伸食指,指尖朝前下方指点几下,如图5-26e)所示。

a)　　　　　　　　　　　b)

c)

d)　　　　　　　　　　　e)

图5-26 "请问,洗手间在哪里?"手势

单元 5　城市轨道交通岗位服务礼仪与技能

10）请往前走，左/右转就是

"请"：双手掌心向上，在腰部向旁移，表示邀请之意，如图 5-27a）所示；"往前"：一手伸食指向前指一下，如图 5-27b）所示；"走"：一手食指、中指分开，指尖朝下，交替向前移动，如图 5-27c）所示，"左"：右手横伸拍一下左臂，"右"：左手横伸拍一下右臂，如图 5-27d）所示；"转弯"：一手侧立，向前做曲线移动，如图 5-27e）所示；"就"：左手横伸，掌心向上，右手做字母"J"的手势，然后贴向左手掌心，如图 5-27f）所示；"是"：一手食指、中指相叠，由上而下挥动一下，如图 5-27g）所示。

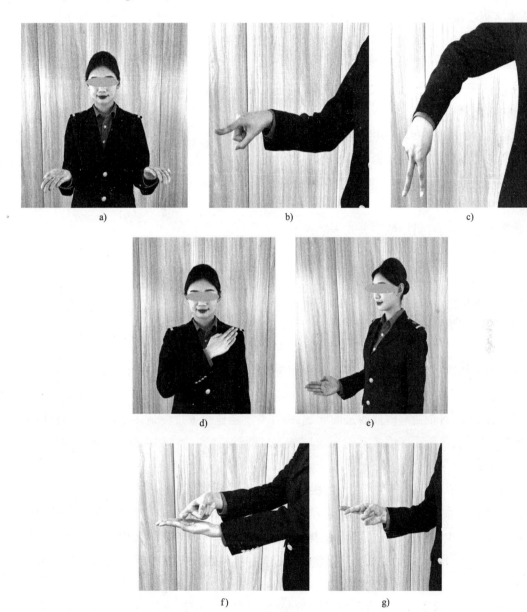

图 5-27　"请往前走，左/右转就是"手势

5.5 乘客投诉处理

5.5.1 乘客满意的层次分析

乘客服务的宗旨是"乘客满意",从乘客的实际需求出发,为乘客提供真正有价值的服务,为乘客提供舒适的候乘环境,把乘客安全、准点、快捷地送达目的地,这要求城市轨道交通运营企业要以最专业的服务队伍,及时与全方位地关注乘客的每一个服务需求,并通过提供广泛、全面和快捷的服务,使乘客体验到无处不在的满意和可信赖的贴心感受,体现"良好的客服形象、良好的技术、良好的乘客关系、良好的品牌"的核心服务理念。

1)乘客满意的概念

乘客满意指的是"乘客对其要求已经被满足程度的感受",是乘客在接受了服务,包括其所携带信息的刺激之后,所作出的肯定的心理状态。简而言之,乘客满意即是乘客的期望与获得之间的关系。

2)乘客满意的层次

乘客满意与否,可借用数字公式表述如下:

获得 > 期望——非常满意;

获得 = 期望——基本满意;

获得 < 期望——不满意。

(1)获得 > 期望——非常满意。

非常满意也可以理解为优质乘客服务,归纳为以下几个方面。

①对乘客热情、尊重和关注乘客。优质服务首先是态度问题,要求对乘客热情,要尊重和关注乘客。这个要求相对而言比较简单,但绝对是首要问题。可是这样一个简单的态度问题,却是几乎所有企业都需要改进的问题,乘客对于企业服务投诉最多的问题依然是服务态度问题。因此,优质乘客服务首先要求服务人员能够持续、始终如一地热情对待乘客,尊重和关注乘客。

②帮助乘客解决问题。服务人员解决问题的能力是乘客服务的根本,要做到优质服务,企业就必须帮助乘客解决问题。作为乘客,希望服务人员有很好的服务态度,但更希望问题得到解决,因此,才会有乘客在投诉时这样说:"你光说'对不起'有什么用?现在先告诉我你怎样解决我的问题?"所以,服务人员必须牢记:在乘客服务中,帮助乘客解决问题永远是第一位的。

③迅速响应乘客需求。乘客的问题一般都会得到解决,但解决问题的快慢给乘客带来的感受却有着天壤之别。作为乘客,在享受服务的时候,一般更加关心服务的效率。

单元5 城市轨道交通岗位服务礼仪与技能

④始终以乘客为中心。有时乘客利益会与企业利益发生冲突,甚至乘客会提出一些看似不太合理的要求,这是考验企业和服务人员的服务观念的时候——是不是能够始终以乘客为中心,是不是始终关注乘客的心情和需求,这是非常重要的。始终以乘客为中心不能只是一句口号,或者是贴在墙上的服务宗旨,而是一种行为,是带给乘客的一种感受,如帮助残疾乘客、真诚地向乘客表示歉意主动帮助乘客解决问题等。很多企业都有以乘客为中心的理念,如广州地铁承诺为乘客提供安全、准点、便捷、人性化的轨道交通服务。

⑤持续提供优质服务。让乘客每一次都能感受到同样好的服务,正是优质服务所追求的目标。持续提供优质的服务,这是整个优质客运服务过程中最难获得的一种能力,而服务的标准化、一致性,是持续提供优质服务的根本保证。

⑥设身处地为乘客着想。设身处地为乘客着想是做到始终以乘客为中心的前提。作为一名服务人员,能够经常进行换位思考是非常重要的。设身处地为乘客着想意味着必须站在乘客的角度去思考问题,理解乘客的观点,知道乘客最需要的是什么,最不想要的是什么,只有这样,才能为乘客提供优质的服务。

(2)期望=获得——基本满意。

这个层次是对服务人员的基本要求,即服务人员按照公司制定的服务流程规范地执行服务标准,履行的是工作职责。它包括服务人员的工作常识(做什么)和工作技巧(如何做),而且大多数服务人员都会意识到有责任执行工作职责,并且很熟练地去做,甚至能流利地背诵岗位工作职责。这样只会让服务人员变得公事化,把每位乘客都看成是最后一个乘客,一种工作意识就应运而生了。这些属于工作角色相关的责任和任务,与工作本质无关。

工作本质反映出员工的工作动机,即为什么做。服务人员应该将关注点从"工作职责"转移到"工作本质"上,反映员工的创造力、热情、激情和独特的资质上。如同高质量的照片除了恰当曝光、光圈和快门速度(工作职责),大多数人会很感激摄影师在给自己拍照时表现出的真挚的热情和独特的创造(工作本质)。当然,缺乏工作职责也无法表达工作的本质。

相对而言,工作职责是服务人员必须做的,这些职业和任务是公司和乘客要求的,这些责任是服务人员"应该做的事",大多数服务人员总是执行不得不做的工作职责,从而不能够表现出自发的工作本质。这就解释了为什么极少遇到优质服务人员,因为服务人员不是"必须"这样做。

(3)期望>获得——不满意。

当乘客觉得不满意时,就会选择用投诉或极端的方式解决问题。这里所谓的"服务"是接待乘客的"服务"。"服务"的好坏,对于企业的口碑至关重要。服务令乘客不满意的因素常有以下几个方面。

①服务方式不佳。

相对而言,服务方式不佳是一个很难得到改善的方面,包括不遵守承诺,乘客按时乘车但列车晚点或停运。

②服务态度恶劣。

此类引起投诉的原因通常都是由服务人员等一些直接与乘客打交道的员工造成的。具体包括以下几个方面。

①只顾自己聊天,不理会乘客的招呼。这样会使乘客觉得自己受了冷落,从而丧失了询问的念头。

②对于乘客的抱怨,板起面孔,恶语相向。

③当遇到无法回答的问题时,把乘客当"皮球踢来踢去"。

④瞧不起乘客,言语中流露出蔑视的口气。

⑤表现出对乘客的不信任。

在站厅服务或进出闸机服务时,面对乘客"异常"情况时,不能做到相信乘客,而是对乘客不信任。案例如下:

一位母亲带领一个七八岁的孩子出闸,服务人员在巡视中看到孩子先钻闸而出,孩子母亲随后验票出闸。于是径直上前拦住孩子母亲,用质问的口气问道:"您好!您的孩子已经超高了,请不要逃票,麻烦您去票务中心补票。"孩子母亲的脸立刻涨红了,非常生气地对服务人员吼道:"你凭什么说我们逃票,我们是有票的"。服务人员提高了声音继续逼问:"那你把两个人的票都拿出来呀。"孩子母亲随后从包里拿出一张成人储值票,一张学生储值票,并向周围聚拢的乘客说:"我和孩子都是有票的,是你们的设备出了问题,我帮孩子验了票,可是人还没过去,闸机就关闭了,所以孩子只能钻出去啊。你们看到我们出不去,不主动过来帮忙也就罢了,一上来就说我们逃票,这是什么服务态度啊!我要投诉你!"这名服务人员见势还不道歉,继续嘴硬道:"哪知道你是不是给小孩验了票了啊,说不定就是直接让孩子钻的。"经过查验,该名乘客控诉是事实,孩子的车票属于"闸门被误用"。这名服务人员没有看到事发的全过程,断章取义认为钻闸就是逃票,这是不信任乘客造成的。

⑥对咨询的乘客不耐烦。

有的服务人员并不具备对乘客要有耐心这一起码的素质,对乘客咨询的行为常表现得不耐烦,甚至冷嘲热讽,这不但会引起乘客的投诉,有时还可能引起冲突。

⑦服务人员对其他乘客的评价、议论。

服务人员在完成自己的服务职责的同时,也不能作出违反道德、礼仪的事情,如对其他乘客的评价或议论。

例如,张女士向服务人员问路后,人还没走远就听到两名服务人员在议论她:"刚刚问路那个女的身上的香水味太浓了,我都有点受不了啦,又不是外国人,弄那么香干吗,太装了!"张小姐觉得服务人员这么缺乏修养,毫无顾忌地议论乘客,服务态度实在太差,于是拨打了电话投诉。

5.5.2 乘客投诉分析

在不断研究与探索乘客意愿的过程中,依然不可避免地要面对乘客的投诉。针对乘客投诉,客运服务人员要做到知己知彼,了解乘客投诉的动机,全面分析投诉内容才能从根源上避免或降低投诉事件。当投诉已经产生时,客运服务人员应该运用不同的技巧把投诉的影响面控制到最小范围,把乘客的不满转变成赢得乘客信任的时机。

1) 乘客投诉的产生

乘客投诉的产生如图 5-28 所示。

图 5-28 乘客投诉产生原因

乘客抱怨主要是由对服务的不满意而引起的,抱怨行为是不满意的具体行为反应。乘客对服务的抱怨意味着城市轨道交通运营企业所提供的服务没达到其期望值,未满足其真实的需求。乘客抱怨可分为私人行为和公开行为。私人行为包括不坐或少坐轨道交通工具,说该企业的坏话等;公开行为包括向企业投诉,向政府有关机构投诉,要求赔偿。

投诉只是乘客对服务存在某种缺陷而采取的公开行为,实际上投诉之前就已经产生了潜在抱怨,潜在抱怨随着时间推移就变成显在抱怨,而显在抱怨会直接转化为公开的行为,如投诉。乘客投诉级别评定标准见表 5-2。

乘客投诉级别评定标准　　　　　　　　　　　　　　　表 5-2

乘客投诉级别	标准说明	严重程度
向企业投诉	如到车站控制室咨询,向乘客服务部电话申诉,遇到企业员工反映情况,写信给企业管理部门或领导	不严重
同其他人抱怨	如见人就说或提起相关经历就回忆到这件令他不愉快的历程,或回家告诉家里人,遇到有人要乘坐轨道交通都会提醒别人要提防该企业的服务人员等	比较严重
第三方投诉	如监管部门、新闻媒体、法庭起诉等	非常严重
一般乘客投诉	乘客常规的投诉反馈问题	不严重
重要乘客投诉	乘客重复投诉;乘客威胁言语及行动;涉及人员伤亡;监管部门、新闻媒体、法庭起诉等	比较严重
重大乘客投诉	媒体投诉;网站、网络论坛投诉;政府或有影响力的社会团体介入	非常严重

2)正确认识乘客投诉

要正确处理乘客投诉,首先应对乘客投诉有一个明确的认识,对于乘客投诉,要承认它本身所有的"财富"价值,这些价值可以使企业及服务人员更清楚地认识到自己的不足。当企业及服务人员意识到自己需要改善时,就会感谢乘客的投诉。正如松下幸之助的体会一样:"人人都喜欢听赞美的话,可是乘客光说好听的话,一味地纵容,会使我们懈怠。没有挑剔的乘客,哪有更精良的商品和服务?所以,面对挑剔的乘客要虚心求教,这样才不会丧失进步的机会。"

有的企业不愿意听到乘客的抱怨,认为只要没有投诉,就代表企业的服务是好的,其实这种想法是错误的。乘客不投诉并不代表满意。不投诉的原因主要有:第一,乘客觉得即使投诉,企业也不能解决问题;第二,时间成本太高,懒得投诉。相关研究证明:良好的赔偿与投诉处理可以带给企业50%~400%的收益,企业从接收到乘客抱怨与投诉所反馈出来的信息,尽早发现服务漏洞,从而使企业整体的服务质量获得提升。

3)乘客投诉背后的期望

乘客投诉一般都是有原因的,其内心期望有三种。

(1)求发泄的心理。

这类乘客在接受服务时,因为遭遇挫折,一般会带着怒气投诉或抱怨,如果能把自己的怨气全部发泄出来,那么烦闷情绪就会获得释放和缓解,从而获得心理平衡。

(2)求尊重的心理。

寻求尊重是人的正常心理需要。在服务的交往过程中,乘客寻求尊重的心理一直十分明显,而在进行投诉活动时,这种心理更加突出。一旦发生投诉,乘客总认为自己的意见是正确的,并立即采取行动,希望受到服务人员或管理人员的重视,要求别人尊重其意见,当面认错并赔礼道歉。当然,乘客不一定是对的,但乘客永远是乘客,这是企业存在的唯一原因,只有明白这一点,才会让服务人员或管理人员专注于最重要的事情——优质服务。

(3)求补偿的心理。

乘客投诉的目的在于补救,补救包括财产上的补救和精神上的补救。当乘客的权益受到损害时会希望能够及时地得到补救。

5.5.3 乘客投诉处理的禁忌与技巧

1)乘客投诉处理的禁忌

在实际工作中,服务人员在处理乘客投诉时,方式方法不恰当,不仅不能解决投诉,甚至会激化矛盾,导致投诉升级,所以,下列五种处理乘客投诉的方式应在工作中极力避免。

(1)只有道歉,没有进一步行动。

假如接到乘客投诉,但是企业却没有任何弥补行动。例如,"很抱歉!但我实在无能为力。""对不起,你的问题无法解决。"这会让乘客觉得,企业只会说对不起,并不去解决问题,自己的诉求并没有得到满足。

(2)把错误归咎到乘客身上。

例如,"你一定弄错了。""你应该早点说,现在已经没有办法了。"如果的确是企业或服务人员的失误,正确的方法应该是把错误归咎到自己身上。最常说的一句话应该是"对不起,这是我的错",并及时提供解决方案。

(3)做出承诺却没有实现。

服务人员在接到乘客投诉后,满口向乘客承诺会很快改正错误,但是却迟迟没做到,这样可能会适得其反。乘客会认为:"你们说话不算话。"如果你没有100%的把握,就不要轻易向乘客许下承诺。

(4)粗鲁无礼。

有些服务人员连最基本的礼仪都没有,很多乘客都受过无礼的待遇,甚至有些乘客遭受过羞辱,严重的时候个别乘客甚至觉得自己像个"罪犯"。服务人员可能会说:"从来没有人抱怨过这些情况。"但这并不表示乘客没有抱怨,只是还没有人愿意提出来而已。

(5)逃避个人责任。

例如,"这不是我做的,不是我的错。我很愿意帮你,但这事不归我管。""我只是个领薪水的普通员工,规矩不是我定的……接待你的人不是我,是我的同事。""那你到底想怎么样?"这会导致乘客觉得这些人真会推卸责任。没人敢负责,要么就是把不管事的找来,什么事也解决不了,企业管理混乱且无能。

2)乘客投诉处理的技巧

在实际工作中,服务人员可以用一些常用的技巧,能减少误解,消除矛盾,有效地解决乘客的问题。

(1)有效地倾听乘客各种不满的陈述。

服务人员在实际操作中,倾听乘客的抱怨时要有耐心,不可轻易打断乘客的讲话,不要批评乘客的错误,而是要鼓励乘客倾诉下去,尽情宣泄心中的愤怒,从乘客的抱怨中分析乘客产生抱怨的真正原因,以便找出症结,拿出合理方案,处理乘客投诉问题。

处理乘客抱怨时,重要的一点就是"倾听乘客的意见"。只要让乘客充分表达想说的话,那么,处理乘客抱怨时就已经成功了七成以上。要从乘客的立场来想、来说,要知道乘客的立场及想法,就要靠"倾听"的方式来了解。

"为什么会说出这些不满?""因为什么事抱怨?""乘客的主要目的是什么?""乘客到底在为什么生气?"

一定要如此认真地倾听乘客的意见并谨记在心。服务人员要能够从头到尾"听进去"和"听懂"乘客说的话。不能是下面这种反应:"不是这样!""不可能!""我们绝不会出错。""一定是您看错了。"这种对话是一点也没听进去乘客的意见,只是一味地试图打断对方的话并且加以否定。这样做根本无法了解乘客的意愿、要求及希望。

相关研究结论表明:听人说话要比自己说话难上好几倍;成为一个好的听众不但可以培

养包容心,还可以从对方的谈话中获得知识,提高学习倾听的能力;善于说话的人必定也是一位好的听众。所以,努力让自己成为一个好的听众。

①有效倾听的优点。

a. 能够耐下性子听别人倾诉的人都会受到欢迎;

b. 增加知识以及智慧;

c. 懂得边点头边微笑的听众,会给人留下好印象;

d. 可以尽可能地了解对方(乘客)的心理状态;

e. 可以强化打动人们的说服力。

②有效倾听的技巧。

擅长倾听的特质是处理乘客抱怨必备的要素。作为一个好听众是十分重要的,在日常生活中可以多加练习。

a. 目光停留在乘客眼睛的正中央,并且表现出温和的神色。避免将头转向一旁,翻白眼或者眼神迷茫的动作出现。

b. 仔细聆听乘客的话以及说话的语气。假如没有听懂乘客在讲些什么,就没有办法作出正确的回应。说话的语气经常会透露出说话者的情绪反应,为了听出对方到底是生气还是别的意思,就要好好聆听乘客所讲的话以及讲话的语气。

c. 要懂得随声附和。有疑问或不清楚的地方要详细问明白。乘客有时想要向服务人员抱怨几句,如"知道不知道"或"要不要处理",就是源于有些服务人员对于不知道的事放着不管,从而导致处理问题延误。为避免发生这种情况,就要一边轻声附和说"我知道了""这样很好",一边仔细聆听。

d. 要全身心、认真去听。表情呆滞或是摆架子听人讲话的姿态不要出现,如果一个听众不能够让诉说者知道自己的喜怒哀乐,就会让诉说者不明所以,甚至会增加不痛快。所以,必须用明确的肢体动作来回应,如点头肯定,并继续积极地倾听。

e. 仔细聆听,认真记录。在这个过程中,时不时伴以关注的眼神并适时地点头。对乘客所反映的内容,一定要认真做好记录,填写投诉单。一方面,作为处理问题留存的资料证据;另一方面,表示对乘客的尊重,在聆听乘客诉说的过程中,有不明白的地方,一定要仔细询问清楚,每个细节都很重要,通过询问,尽量确保投诉的真实性。最后,将乘客提到的问题复述一遍,以确认是否明白乘客的需求,以便化解投诉。

(2)诚心诚意地向乘客道歉。

乘客提出投诉后,作为企业的代表、处理投诉事件的当事人,要不时地表示对乘客的同情,如"我们非常遗憾、非常抱歉地听到此事,我们理解你现在的心情!""谢谢您告诉我这件事!对于发生这类事情,我们感到很遗憾!我们完全理解您的心情!"

①道歉的忌讳。

道歉的忌讳示例见表5-3。

道歉的忌讳示例　　　　　　　　　　　　　　　　　　　　　　　　　　表5-3

道歉的忌讳	具体内容
切忌缺乏诚意	道歉最重要的是诚意,是把检讨的心意向乘客表白
切忌犹豫不决	如果自己的过失给乘客带来了不好的影响,越是犹豫不决,越是会失去道歉的机会,而且给乘客的印象也不好。因此,要立刻向乘客道歉,越早越好
切忌不及时道歉	当乘客发火或是训斥自己的时候,由于害怕被训斥而沉默,反过来又怕使事情更加严重,而及时道歉还有能挽回损失的机会
切忌道歉时先辩解,试图逃避责任	想道歉又不先道歉,即使辩解主张里有不少合理的成分,那也会使乘客反感,情况恶化。首先要道歉,事后等乘客冷静的时候,再申诉自己的意见和主张

②正确的道歉方式。

正确的道歉方式示例见表5-4。

正确的道歉方式示例　　　　　　　　　　　　　　　　　　　　　　　　表5-4

真诚的道歉	具体内容
我向你道歉	"我向你道歉""不好意思对您造成困扰,我向您道歉"是一种非常好的道歉表达方式,千万不能用"我谨代表公司向您道歉"这样的道歉方式,"不好意思对您造成困扰,我向您道歉"则代表了客运服务人员个人的责任态度
哎呀,真是太糟糕了	"哎呀,真是太糟糕了"是非常好的反应,它不仅表达出了客运服务人员对乘客的诚意,还表现出了客运服务人员的同理心,表明在乎乘客的感受,从而表现出诚意
谢谢您	"谢谢您告诉我这件事""谢谢您让我注意到这件事"等都是正面道歉最好的开场白。当"谢谢"出现的时候,客运服务人员抱歉的意味已经传达给乘客,而且有效地避免了用"对不起""真的很抱歉"等糟糕的语言

③错误的道歉方式。

错误的道歉方式示例见表5-5。

错误的道歉方式示例　　　　　　　　　　　　　　　　　　　　　　　　表5-5

错误的道歉	具体内容
只说"对不起"	客运服务人员与乘客对话的过程中,一旦对乘客说出"对不起",在对话的平等方面,客运服务人员就矮了乘客一截,在接下来的处理过程中,就很难再次赢回平等的交谈立场,也就很难与乘客进行沟通了

续上表

错误的道歉	具体内容
旨在推诿的"真的很抱歉"	旨在推诿的"真的很抱歉"的道歉非常糟糕,它不仅使客运服务人员被认为没有诚意,还将问题像皮球一样踢来踢去,无法帮助乘客满意地解决问题。"真的很抱歉"不仅代表着客运服务人员不愿意负责任,还表现出客运服务人员没有解决问题的诚意,显示出明显的不愿意负责的心态
冷漠的"谁管你"	客运服务人员的"谁管你"的想法会通过肢体语言传达给乘客,表现出"事不关己,高高挂起"的态度,同时也表明对于企业的忠诚度不够。这时客运服务人员不自知,乘客却清晰地接收到客运服务人员的内心想法

(3) 向乘客提供解决方案。

只要是处理乘客的投诉,都要有提出解决问题的方案。

①提供解决方案时的思考事项。掌握问题关键,分析投诉事件的严重性。通过倾听把握问题的症结之后,要判断问题的严重程度,以及乘客有什么期望。这些都是服务人员在提出解决方案之前必须考虑的事情。

②按照企业既定的方法处理。企业一般对于乘客投诉有一套既定的投诉处理方法,在提出解决乘客投诉的方法时,应充分考虑到公司的既定处理方法。有些问题只要引用既定的方法,便可以收到事半功倍的效果,如退票的处理方法等。

③确定处理者的权限范围。有些乘客投诉可以由服务人员立即处理,有些就必须报告给部门经理,这些处理权限范围都是企业对各层级规定好的。在服务人员无法为乘客解决问题时,就必须由具有决定权的人员解决,如果让乘客久等或得不到回应,将会使乘客气愤,前面为平息乘客情绪所做的各项努力都会前功尽弃。

④让乘客认同解决方案。服务人员所提出的任何解决办法,都必须亲切诚恳地与乘客沟通,并获得对方的同意,否则乘客的情绪还是不能平复。若是乘客对解决方法还不满意,必须进一步了解对方的需求,以便作出新的修正。有一点很重要:对乘客提出解决方案的同时,必须让对方也了解企业为解决问题所付出的诚心与努力。

⑤执行解决方案。当双方都对解决方案满意后,就必须马上执行。假若是权限内可处理的,就快速利落、圆满解决;如果是不能当场解决或是在权限之外的问题,必须明确告知对方事情的缘由、处理的过程和手续,通知对方处理时间以及经办人员的姓名,并且请求对方留下联络方式,以便事后进行跟踪处理。在乘客等待期间,服务人员应当随时了解投诉处理过程,有变动就马上通知对方,直到事情完美落幕为止。

1. 任务实施

根据课堂实际,教师可将全班人员分 4~6 组,每组选出组长 1 名,记录员 1 名,其他分工若干,组内对本节知识要点进行相互考核,并记录考核结果。

(1)请按站厅岗位服务人员的要求,服务"乘客",其他同学给予记录、指正。

(2)以小组为单位,根据本节内容,设置以下场景,每个小组成员依次进行服务,服务内容尽可能不重复。

场景一:一位乘客在出闸机使用储值票,验票后仍然无法出闸。到票亭分析车票后,该票为无效车票。

场景二:站务人员在站台上进行候车引导服务。

场景三:出现人员拥挤情况。

场景四:服务听障人士。

场景五:A地铁车站,7时30分,一名男乘客向该站售票员反映,在昨天早上途经该站2号通道时,因地面较滑导致其摔伤胳膊(当时乘客由于赶时间没有向车站反映)。今天乘车时又发现通道处有水迹,故向车站投诉。服务人员向其了解情况,并报值班站长到现场处理,但由于该乘客赶时间上班已乘车离去,值班站长未能现场解决此投诉。事后,值班站长向服务总台反映了此事。9时左右,该乘客向总公司反映了此事,并由服务总台转发到车站。该站服务人员、值班站长是否要负责任?如何处理该起投诉?

2. 任务测评

将任务完成情况填入下表。

序号	评价内容	完成情况	存在问题	改进措施
1	课前知识查阅情况			
2	仪容仪表与着装:是否符合标准,是否出现禁忌			
3	行为举止:是否符合标准,是否出现禁忌			
4	服务用语:是否得当			
5	展示完整性:即挺胸、腰背挺直			
6	处理技巧:是否符合标准,是否出现禁忌			
教师评价				

3. 任务小结(根据任务完成情况填写)

复习思考

1. 城市轨道交通服务人员的基本素质有哪些要求?
2. 站厅岗位服务职责通常有哪些要求?
3. 客服中心(票亭)岗位常用服务技巧哪些要求?
4. 城市轨道站发生火灾是应急措施有哪些?
5. 乘客非常满意的数字公式是什么?从哪几个方面做可以获得乘客的满意?
6. 乘客投诉背后的期望有哪些?

参 考 文 献

[1] 吴静,刘菊美.城市轨道交通客运服务与礼仪[M].北京:中国电力出版社,2017.

[2] 余少杰,李元杰,倪丽琛.商务礼仪[M].北京:清华大学出版社,2020.

[3] 朱列文,李薇.服务礼仪与形体训练[M].北京:中国轻工业出版社,2014.

[4] 范先云.高速铁路客运服务与礼仪[M].北京:人民交通出版社股份有限公司,2021.

[5] 郭燕芬.城市轨道交通乘客服务[M].北京:中国劳动社会保障出版社,2020.

[6] 高蓉.城市轨道交通服务礼仪[M].北京:人民交通出版社,2011.

[7] 王英,闫骏.客运服务礼仪[M].北京:机械工业出版社,2021.

[8] 孟源,王秀琴,刘宏伟.城市轨道交通服务礼仪[M].北京:机械工业出版社,2023.

[9] 蓝晓光,王安焱,刘青.铁路客运服务礼仪基础教程[M].北京:中国铁道出版社,2006.